XIAOMI

口碑爆裂

小米营销实战

张岩◎著

XIAOMI

中华工商联合出版社

图书在版编目(CIP)数据

口碑爆裂：小米营销实战 / 张岩著. --北京：中华工商联合出版社，2019.2（2023.6重印）

ISBN 978-7-5158-2465-9

Ⅰ.①口… Ⅱ.①张… Ⅲ.①移动通信－电子工业－工业企业管理－市场营销学－中国 Ⅳ.①F426.63

中国版本图书馆CIP数据核字（2019）第 016087 号

口碑爆裂：小米营销实战

作　　者：	张 岩
责任编辑：	付德华　俞 芬
封面设计：	张新荣
责任审读：	郭敬梅
责任印制：	迈致红
出版发行：	中华工商联合出版社有限责任公司
印　　刷：	三河市燕春印务有限公司
版　　次：	2019年4月第1版
印　　次：	2023年6月第2次印刷
开　　本：	710mm×1000mm　1/16
字　　数：	145千字
印　　张：	13.25
书　　号：	ISBN 978-7-5158-2465-9
定　　价：	42.00元

服务热线：010-58301130
销售热线：010-58302813
地址邮编：北京市西城区西环广场A座
　　　　　19-20层，100044
http://www.chgslcbs.cn
E-mail: cicap1202@sina.com(营销中心)
E-mail: gslzbs@sina.com(总编室)

工商联版图书

用户的口碑就是企业的生命

2018年7月9日，港交所这一天的主角是北京小米科技有限公司的CEO雷军。在人群的簇拥下，穿着深蓝色西装、系着橙色领带的雷军缓缓走进了港交所的大厅。9点30分左右，人群中爆发出巨大的声音，大家跟随着计时器喊出"五、四、三、二、一"。雷军敲响铜锣，锣声淹没在掌声和欢呼声里。

小米是港交所修订《上市规则》后挂牌的首家"同股不同权"公司，也是有史以来全球第三大规模的科技互联网公司IPO，仅次于阿里巴巴和Facebook。小米终于等到了敲钟上市的这一刻了，对每一个小米人而言，这是非常重要的一刻；对于"米粉"而言，这也是一个让人激动的时刻。

成立八年来，小米经历了无数的风风雨雨，也写下了无数的光辉时刻。

2017年第四季度，在全球手机销量的排行中，小米列世界第四，而且创造了97.4%的增长，中国区的增长是57.6%。

2018年2月，Google联合WPP和凯度华通明略发布的《2018年BrandZ

中国出海品牌50强报告》显示，小米在中国出海品牌中排名第四，仅次于联想、华为和阿里巴巴。

2018年第一季度，小米在印度的市场份额已超过30%，遥遥领先，成为第一名。2018年7月17日，韩国销售红米Note 5，小米进军韩国市场。

据小米财报显示，小米手机2018年第二季度销量3200万台，同比大涨48.8%，在全球前四的手机品牌中增速第一。目前，小米手机已进入了74个国家和地区，在25个国家和地区进入了市场前五。其中，小米手机在印度市场连续4个季度取得第一，在印尼市场创历史新高，取得第二。

小米取得的这些成绩，让无数人将目光投向了这个年轻的互联网公司。一说起小米，几乎所有人都能立刻想起一大堆时髦的营销词汇：粉丝经济、爆品战略、饥饿营销、互联网思维等等，当然，还有雷军那句著名的："站在风口上，猪都能飞起来。"无论外界的声音如何繁杂，雷军始终坚持自己的信念。

早在小米诞生之初，雷军就说过，互联网是赢家通吃的行业，"狭路相逢勇者胜"。小米手机自创始以来，就一直坚持"为发烧而生"的品牌理念。秉承高配置的硬件作为支撑，深度定制的软件为依靠，采用服务一体化的用户体验，让消费者感受到小米手机的非凡体验。面对市场变化，互联网公司必须足够快，及时对用户需求做出反馈。雷军强调，小米手机非常注重四大策略：专注、极致、口碑、快，用互联网思维做手机。

小米一直强调的就是用户。小米深知，用户的口碑就是企业的生命。因此，无论是产品策略还是营销策略，小米始终把关注点放在用户的身上。现在线上获客成本越来越高，同时，用户的时间碎片化，广告越来越难吸引用户的注意力，传统的营销方法似乎已经失去了它原有的魔力。史玉柱说过，"营销是没有专家的，唯一的专家是消费者！"显然，小米深谙这一点。从某个方面来说，小米营销是小米能够突出重围，在这个兵荒马乱的互联网时代闯出一条路的关键因素。

　　本书主要讲述了小米的营销秘密，通过深入小米团队，了解小米团队的工作流程，细致地描述小米在每一个关键时刻的营销方法，揭开那些不为人知的小米故事。

目　录

第一章
找到产品真正的受众群

对品牌来说，有"粉量"才有"分量"，有粉丝成单量，才有真实成就感。如果说小米是成功的，那么，它最成功的一点便是塑造了自己的粉丝文化，让粉丝成为产品的代言人，让粉丝去宣传小米的产品优点，去维护小米的品牌，所以说是"米粉"成就了小米也毫不为过。

第二章

互联网思维就是口碑为王

从前的营销都是一种强制性的、教育式的营销，都是利用单向通道，强制性改变用户观念。但是今天，时代变了，应该用一种更娱乐化的方式来讲述你的产品，进行体验式营销。口碑的真谛是超预期，只有超预期的东西，大家才会形成口碑。

第三章

忠诚度第一，知名度第二

小米把"粉丝养成"作为了产品运营上的核心动作。"米粉"非一日养成，但是，赢得"米粉"的途径却只有竭诚勉力一条途径。小米的口碑营销一开始就是做参与感，从此杀出一条血路。

第四章
产品定位决定营销模式

小米的野蛮生长称得上是传奇，它通过"发烧友手机"的定位，实现去山寨化，成为并列于一线厂商如苹果、三星的"中国版苹果"。我是谁？这是做品牌要解决的第一个问题，关乎定位。我和谁在一起？这是做品牌要解决的第二个问题，关乎传播。

第五章

好产品自己会说话

松下幸之助有句名言："对产品来说，不是100分就是0分。"任何质量问题都会影响用户的满意度，进而影响企业的声誉。任何产品只要出现了一丝一毫的质量问题，都意味着失败。

第六章

把服务做到极致

在一个产品丰富的时代，比拼功能与技术的翻新已不再是撒手铜，品牌需要将"用户"变为"选民"，找到这些群体，并将他们被压抑已久的参与感、平等感释放出来。小米的快速崛起，可能不单纯在于互联网思维，而是抓住了消费与技术大迁移中选民觉醒的机遇。

第七章

借势营销，才能找到真正的风口

雷军以独到的战略眼光找到了产业中"有台风口的地方"，然后"做了一头会借力的猪"。发布会、社交媒体，都是小米的T台。雷军总是在各种场合宣传小米，以获得"米粉"的关注，随着小米曝光度增加的还有小米的品牌价值和"米粉"的品牌认可度和忠诚度。

第八章

创始人形象是企业最重要的标识

作为小米的创始人，雷军时刻不忘利用自己的影响力来推广小米，成为小米名副其实的代言人。雷军曾说过这样一句话："小米是我不能输的一件事，我无数次想过怎么输，但要真是输了，我这辈子就'踏实'了。"

第一章
找到产品真正的受众群

XIAOMI

　　对品牌来说，有"粉量"才有"分量"，有粉丝成单量，才有真实成就感。如果说小米是成功的，那么，它最成功的一点便是塑造了自己的粉丝文化，让粉丝成为产品的代言人，让粉丝去宣传小米的产品优点，去维护小米的品牌，所以说是"米粉"成就了小米也毫不为过。

粉丝是最好的宣传员

小米塑造了自己的"粉丝文化",让"粉丝"成为产品的代言人,"粉丝"自发去宣传小米的优点、去维护小米的品牌荣誉。毫不夸张地说,是"米粉"成就了小米。

小米构建了一个用户扭曲力场的金字塔,塔基是广大的用户。他们从微博、微信、事件营销等跟随参与小米的活动,介入不深,但却是一个强大的跟随者群体。

金字塔的中间则是"米粉",这是一个关键的群体。小米能成功的另一大原因也有赖强悍又忠诚的"米粉"支持。在小米成立之初,雷军制定了三条军规,其中最重要的一点就是"与'米粉'交朋友"。

如何能让"与'米粉'交朋友"落到实处,而不是成为一句空话?在这方面,小米学习的是海底捞。就是把"与'米粉'交朋友"变成一种文化,变成一种全员行为,甚至赋予一线以权力。比如,小米给了一线客服很大的权力,在用户投诉的时候,客服有权根据自己的判断,自行赠送贴膜或其他小配件。另外,小米也非常重视人性服务。曾经有用户打来电话说,自己买小米是为了送客户,客户拿到手机还要自己去贴膜，这太麻烦了。于是，在配送之前，小米的客服在订单上加注了送贴膜一个，这位用户很快感受到了小米的贴心。

很难想象，在小米七百万台手机销售量里，买了两台到四台的重复购买用户占42%。黎万强说："做朋友的心理就是，如果这个问题是你的朋友来找你解决的话，你会怎么做？那当然是你能解决就给他立刻解决了，解决不了也要想办法帮他解决。小米一路走下去，如果能够踏踏实实地维护好一两百万的用户，这些用户真的是认可我们，对这个品牌的忠诚度、认可度很强，其实就够了。"

饥饿营销一度是小米粉丝制造的一个独特现象。在北京，有一段时间，能搞到一部小米手机一度成为"有路子"的象征。在"米粉"的吐槽下，小米误打误撞做了一个"开放购买"动作，每周二举办，上一周的周五在网上预约，等于是抢购买资格。这样一个"开放购买"甚至也产生了巨大的品牌传播力，小米营销团队发现，每周的开放购买能引发小米的百度指数成5倍甚至10倍的增长。还有一个特别通道叫F码，实际上就是给有特殊贡献的用户一个邀请码，相当于优先购买权。

小米论坛里有一个神秘的组织——荣誉开发组，简称"荣组儿"，这是粉丝的最高级别。"荣组儿"可以提前试用未公布的开发版，然后对新系统进行评价，甚至跟整个社区说："荣组儿"觉得这是一个烂板，大家不要升级。当"荣组儿"认定有些问题如果不改掉就判定为烂版时，小米的工程师们就会特别紧张，觉得特别没面子，然后尽快采取行动解决问题。

"荣组儿"甚至会参与一些绝密型产品的开发，比如MIUI V5。

MIUI负责人洪锋说："很多的沟通是双向性的，需要给用户权力。如果用户觉得提意见并没有什么效果时，久而久之，他就不会再张嘴了。只有他觉得自己做一些事情会让你很难受的时候，他才有动力。提前给'荣组儿'试用V5新版本，其实也承担了可能泄密的风险，但是我们又不能够得罪用户，所以当时我们选了大概10个用户，这些用户在'荣组儿'里面的人品是久经考验的，他们是我们用户里面的'常委'。当你真的信任了用户，用户也会信任你，说到底，其实这是一个社区培育的问题。""荣组儿"这个组织自2011年下半年成立以来，并没有出现过任何泄密的情况。

荣誉感是他们推销小米的动力

66 小米销售的是参与感。"这种参与感首先来自雷军自身的经历，他曾经作为发烧级用户，给诺基亚提过很多建议，而且直接提给当时诺基亚负责研发的全球副总裁，对方说他说的很有道理，但最后还是改不了。这让雷军很愤怒："我跟他提了很多条意见，他都说有道理，他们最后改了吗？改不了。"

"当你喜欢一个什么东西的时候，你其实没有经济目的了，你就是觉得这个东西不好，如果能改一下会更好。所以，小米的出发点很简单，我们有一个极其清晰的定位，就是聚集大家的智慧做一款手机。"这种荣誉感是他们推销小米很重要的动力。

换句话说，有上百万的粉丝免费给你做产品经理，做用户体验评测员，这是一股多么强悍的力量。就如互联网革命最牛的思考者克莱·舍基在《认知盈余》中所说，所谓"领先用户创新"，并不是由产品的设计者，而是由该产品最活跃的使用者来推动的。

但是，小米依然面临巨大挑战。一方面，一些手机大厂商，像三星、华为、联想，都在小米赖以发家的高性价比上发动强力进军；另一方面，打着互联网手机概念的小米模仿者扎堆出现，很难说不会冲出一匹黑马。

不过，小米作为互联网手机这一品类的开创者，最大的敌人不是对手，而是能否持续生产"让用户尖叫"的产品。这对所有擅长以用户体验取胜的公司而言，都是一个魔咒。

2013年，小米两个指标做到国产手机的第一名：一是手机产品的销售额，超过联想、华为等大公司，成为国产手机销售额第一；二是客户端活跃度高于其他国产手机，与三星并行在排行榜上。

小米公司是2010年4月份成立的年轻公司，它的第一款手机是2011年8月发布的。创业才几年的时间，年销售额做到280亿元人民币，公司估值已超过100亿美元。更令人不解的是，小米几乎"零投入"的营销模式，通过论坛、微博、微信等社会化营销模式，凝聚起粉丝的力量，把小米快速打造为"知名品牌"。

从零起步到2000万部，仅用3年时间，小米如何创造销售神话？与1400万"米粉"深度接触，一年300场线下活动，小米如何玩转"粉丝经济学"？4000人团队全部面向市场，小米"先进用户引导型创新"如何发动全民参与？小米的营销秘籍在哪里呢？

小米的品牌宣言是"为发烧而生"。一群爱玩的人，做了一些自己喜欢的产品，和米粉一起玩。爱玩是以一种极客精神的追求，把自己爱好的事情做到极致。

黎万强说小米手机是"为发烧而生"。小米初创的时候，几个创始人谁也没有想到会做到这么大的规模。创始人雷军是个手机控，在他的办公室里有一个保险柜，里面放着六十多部手机。作为手机控，他对自己用过的手机，总是有着或多或少的不满意。最原始的初衷就是做一款真正好用的手机。而在后来，这个初衷慢慢演变为做一款"让用户尖叫的产品"。

小米的创业者、员工，很多人都是跟雷军一样的骨灰级玩家。黎万强"烧"摄影器材和音响设备；另一位创始人洪锋爱玩机器人，常常出差的他，自制了一个机器人代替他参加公司会议；MIUI系统工程师孙鹏喜欢刷机，他的桌面上有很多款不同的手机都被他刷成了MIUI的操作系统……在小米，最让人羡慕的是市场专员唐杨林，他喜欢用小米手机玩玩具，他发明出了小米手机很多新鲜的玩法。他还有一项幸福的工作，就是拍小米的官方样片，他拿着小米手机，在工作时间一边旅游，一边拍照片，用小米手机拍出了无数的经典照片，成为小米手机强大拍照功能的见证。对于唐杨林来讲，"玩就是工作，工作就是玩"。

"爱玩并不是不务正业，而是以一种极客精神的追求，把自己爱好的事情做到极致。"黎万强认为。"让用户尖叫"是小米的产品逻辑，"口碑的真谛是超预期，只有超预期的东西大家才会形成口碑。"让用户尖叫的方法就是"高配置、低价格"。每一代小米手机在当时都是业界最高配置，即"抢首发"的策略。因为首发，消费者会为拥有这样一台手机而满足。小米1采用的是国内首家双核1.5G芯片，而定价只有1999元的中档价位段，性价比超出消费者的预期。小米手机一炮打响，且供不应求。

此后，小米2打的是发烧级四核高性能芯片，首款28纳米芯片，并在当时主流机器的内在都是1G的时候，小米2将内存标准提升到2G。作为当时的"最高配置",价格依然是1999元的中档价位段。这种"尖叫"慢慢形成一种惯性,以至于后来的红米、小米3、小米机顶盒、小米电视等一个个新品,都形成供不应求的局面。小米很清楚一点,"为发烧而生"是产品定义,而不是市场定义。即用发烧友的品质来要求产品,但做出来的产品要让所有的消费者尖叫,而不是只卖给发烧友。

同时,因为周围聚拢着一批发烧友,小米手机的生态圈不断扩大,小米品牌顺利过渡到其他产品,小米盒子、小米活塞耳机等等周边产品不断丰富起来。

米粉文化,类似车友会的性质,因小米手机而结缘。小米的用户不是用手机,而是玩手机。爆米花奖、同城会、米粉节……将米粉紧密地联系在一起。在小米创业的初期,第一个产品是MIUI操作系统,黎万强是当时这个业务的负责人。雷军给黎万强的任务是"不花钱把MIUI做到100万"。"唯一的办法就是在论坛做口碑。"黎万强在雷军的重压下,带领团队泡论坛、灌水、发广告、寻找资深用户。从最初的1000个人中选出100个作为超级用户,参与MIUI的设计、研发、反馈。这100人成为MIUI操作系统的"星星之火",也是"米粉"最初的源头。后来,在"零预算"的前提下,黎万强建立起小米手机的论坛,这也成为"米粉"的大本营。

发展到如今,在小米论坛上,有几个核心的技术板块:资源下载、新手入门、小米学院,后来也增加了生活方式的板块:酷玩帮、随手拍、爆米花等。目前注册人数已经超过1000万,日发帖量超过10万。

在小米论坛上,用户可以决定产品的创新方向或是功能的增减,为此，小米设立了"爆米花奖"：每周五下午5点被定义为橙色星期五，每周都会发布新版本。下一周的周二，小米会根据用户提交的体验报告数据，评出上周最受欢迎的功能和最烂的功能，以此来决定小米内部的"爆米花奖"。同时，众多米粉参与讨论功能，会在下一个版本中做改进。这种将员工奖惩直接与用户体验与反馈挂钩的完整体系，代替了许多所谓的内部考核和考勤——这样来确保员工的所有驱动不是基于大项目组或者老板的个人爱好，而是真真切切地从用户的反馈过来的。

在这个论坛上，米粉参与调研、产品开发、测试、传播、营销、公关等多个环节，同时，因为这些活动使得米粉具有极强的荣誉感和成就感，他们被牢牢地黏在论坛上。论坛只是米粉的大本营，但他们的活动范围绝不局限于论坛，更为强大的线下活动平台是"同城会"。按照黎万强的设计，米粉文化有些类似车友会。车友会的成员是因为车这个共同爱好而聚在一起，然后组织各种形式的线下活动。米粉是因为小米手机而聚在一起，大家在线上讨论，在线下组织活动，甚至做公益事业。目前已经覆盖31个省市，各同城会会自发搞活动。小米官方则每两周在不同的城市举办"小米同城会"，根据后台分析城市的用户数来决定同城会举办的顺序，在论坛上登出宣传帖后，用户报名参加，每次活动邀请30~50个用户到现场与工程师当面交流。

"别人是用手机，而小米的用户是在'玩'手机。"黎万强说道。

此外，小米还设立了"米粉节"，与用户一起狂欢。这是"米粉"的节日，在每年的"米粉节"活动上，雷军会与"米粉"分享新品、沟通感情，激发"米粉"的热情。

铁杆粉丝的养成："生米"煮成"熟饭"

对品牌来说，有"粉量"才有"分量"，有粉丝成单量，才有真实成就感。那么，小米的粉丝到底是怎么养成的？尽管小米在造粉方面不算最完美的，它还有很大的成长空间，但从商业角度来讲，它是成功的。像格力这样的传统企业，基本上要花10年以上的时间，运用无数中央级、地方级传统媒体资源和几万个实体渠道终端，才能够突破100亿的销售额；但小米手机达到100亿只用了1年多，它没有电视广告，没有实体渠道，只用了网络营销，而且最早的发展只是集中在论坛、微博和门户网站。

小米的创始人雷军经常说"因为米粉，所以小米"。业内认为，"如果说小米是成功的，那么，它最成功的一点便是塑造了自己的粉丝文化，让粉丝成为产品的代言人，让粉丝去宣传小米的产品优点，去维护小米的品牌，所以说米粉成就了小米也毫不为过。"

小米最早的粉丝是从小米网络论坛社区中成长起来的，然后通过微博和历次发售进行扩张。那些参与小米研发较深的"核心粉丝"最初只有几千人，2012年按论坛注册人群450万的10%计算，也有至少四五十万人。

2012年底，小米粉丝的数量据说超过了500万人，这个数字与2012年小米出货量719万部结合起来，可以说小米拥有百万级的"中坚粉丝"。每个小米粉丝平均至少向6个人推荐过小米手机，那么，小米的影响范围可能达到3000万人，这还不包括因为各类媒体报道影响到的非交叉人群，他们可以算是小米的"外围粉丝"。在这个数量中产生700多万部的销售量，大约是20%的成单率。

歌星在一曲成名后，可以顺势"收粉"然后"养粉"，但雷军没有这样的条件。2010年他宣布做手机的时候，手里还没有任何成型的产品。也就是说，他只能凭空"造粉"。而"造粉"的第一要义，就是满足粉丝的第一特征——"反叛者心理"，它必须要求你的产品或品牌具有一定的反叛者气质，把市场搅动起来。

2010年，手机市场传统品牌正被打压，三星还没有赶上来，已发布三年的苹果iPhone如日中天。但是，有三个问题，正在培育中国市场的反向心理：首先，乔布斯认为"传统手机都是垃圾"，人们也确实发现智能机很炫，期待一个让自己扔掉老土功能机的理由——"反传统"；其次，iPhone的价格的确让很多人消费不起，而追随的智能机在高性能的价位上都向高位趋近，这让人们很犹豫——"反高价"；再次，iPhone毕竟是一个美国品牌，代表着美国创新，它没有让本土人群（尤其是看重技术研发的核心消费人群）扬眉吐气的精神内涵——"反崇洋"。

很少人关注第三个问题，很多人认为这个问题不是问题。对普通人不是，但对手机界、IT界的精英人群，这就是一个问题。所以你就明白为什么小米的联合创始人林斌曾说："小米"的名字能让很多人联想到"小米加步枪"，能够唤起很多爱国人士的民族情结。

后来，小米公司的吉祥物"米兔"也采用的是脖系红领巾和头戴雷锋帽的形象，同样被认为是"能够激发很多中国人的民族自豪感"。"咱们自己的品牌"，这会堵住很多批评者的嘴。

当然，我们认为"民族情结"只是推广的好概念，但对于销售来讲，最核心的逆反就是那个惊天的价格——1999元。千万别光关注这个价格，一定要结合后来小米发布会上的产品要点：国内首款双核1.5G智能手机（当时顶级智能手机只达到双核1.2G），全球主频最快（比当时主流智能手机单核1G快200%以上），全球操作系统升级最快（疯狂到每周升级一次），全球最大主题库，全球顶级供应商……对顾客这是吸引，但对行业这是抽去了梯子。

当时几乎所有人都承认，小米在数个"最"的支持下，的确是性价比最高的手机。小米一出，从认知角度，使得市场就剩下两款产品——高价位的iPhone和低价位的小米，而小米的品质还不亚于那些主流价位在3000元以上的手机。加上针对iPhone的民族品牌情结，可以说，小米成功地将自己稳稳置身于当时所有智能机的对立面。

雷军最初未必洞悉粉丝的心理，但他基于商人的思维，主动站到了粉丝的一面，并站在了行业的反面。搅动粉丝市场的轴心开始转动。雷军和小米最主要借了乔布斯和iPhone的势。小米发布的整个过程下面，都有一个隐隐的台子在撑着它，或者有一个高高的风标在指引它，这就是iPhone。这就是为什么有关小米的公关稿中，总是出现苹果、iPhone。甚至媒体自主创作的稿件中，也不由自主地将小米与iPhone进行对比，甚至给雷军冠以"雷布斯"的称号。从价位上说，小米其实是iPhone的对立面，但无论从技术研发过程的认真程度，还是从发布会过程的表现方式，大家都看出雷军和小米在向乔布斯和iPhone致敬。小米聪明地避免了自己直接说出"比肩iPhone"这类引发唾弃的话，它的"潜在膜拜"和"低调攀比"，赢得了大量的小米粉丝。

大多数新闻炒作的借势，都是借一个非常明显的热点新闻的推力。但小米的借势，是借的一种大家渴望但又隐藏的心理。其中最重要的一点是这样一种心理：我们中国能否出现一个像苹果一样的公司、像iPhone一样的手机？尽管人们知道小米不可能达到苹果的地位，但他们终将好奇：这个在很多表现细节上都像iPhone的手机，究竟是个什么样子？

大多数人，尤其是喜欢尝试新手机的男性顾客，都有潜在的英雄心理，或者崇拜英雄的心理，这与粉丝的"创世者心理"暗暗相合。他们期待有英雄，尤其是本土的英雄出现。从某种意义上说，小米做到了，尽管相对iPhone而言，小米只是个略带稚气的英雄。

要知道，超越前述的"逆反心理"，跳跃到一个新层面"英雄心理"，是这里的关键！雷军有两个特点：一个是投资决策和组建团队上的英雄情结，一个是实际操作中的切入点把握。

微软Office办公软件覆盖中国，他敢做WPS；大宇《仙剑奇侠传》单机游戏覆盖PC，他敢做《剑侠情缘》；紧跟1999年成立的当当模式之路，2000年他投资了卓越；踏上2005年的PPG模式跳板，2007年他投资了凡客……无论从哪里、从何时切入，他都要求自己的企业成为该领域新的英雄。

而苹果这个跳板他同样抢到了。只不过他一直等到2010年中期安卓手机美国销量首次超过iPhone后，才开始正式切入（小米的操作系统是基于安卓系统的优化版）。自然，小米打不倒iPhone，但也要借它的势，成为站在另一极的、新的行业标准！

三星到2012年初才开始大规模通过诉讼方式来借用苹果这个跳板，自然，它也成功了，甚至抢去了苹果的部分份额。直到今天，当人们知道IPhone5S依然在用三星的A7处理器，才知道三星的全球讼战原来是一种"跳板借势"策略。

还有另外一种借势。乐视超级电视发布，一定要拉上给苹果代工的富士康和液晶屏高手夏普的名号，也是在借势。而乐视借势的第三家是主流芯片品牌——高通，它同样也出现在小米发布会上，也是小米唯一邀请上台的供应商。高通（Qualcomm）同时也是HTC、诺基亚、MOTO、LG、索尼等国际智能手机的供应商，小米当然是为显示自己与国际大牌站在同一个平台上。

主动经营粉丝，而不是被动应付

小米的造粉特点基本就是主动出击式的造粉过程。大多数传统企业和那些传统艺术家一样，根本不愿主动投身于"群众"中间，进行开放、积极的交流。它们等待粉丝来"粉"自己，而不是先去"哈"粉丝，然后再吸引更多人"粉"自己。

高高在上的企业和躲在办公桌后面的管理者太多了。它们的广告风格似乎透露出：我很专业，我很牛，我生产了你应该需要的东西，你来购买吧！小米没有资本这么牛，它也没有资本去电视、报纸上打广告。所以，它必须主动去"哈"粉丝。小米用的方式主要就是这么几条：放下姿态，全民出击，多点接触，积极回应。

从雷军到工程师到销售到客服所有人，都在粉丝面前放弃身份感，扁平到一条线，然后将这条线围成一个圈，把粉丝包围起来；从核心的小米论坛社区开始，延伸到各类网络平台上主动去寻找粉丝，对其提到的问题必须快速回答，然后争取将他们转化为关注自己的人，然后转化为"粉"自己的人。

我们更多地把米柚视为小米的试探级产品。因为主力产品小米手机从硬件保密方面考虑，不适合做市场测试和交流互动。小米手机在2011年8月发布，但一年前的2010年8月，米柚就开始公开发布测试版。米柚基本上调动了粉丝所有的参与欲和表现欲。这款号称每周都进行升级的操作系统，其改进点大多数来自于粉丝的意见和建议。而操作系统的性能与硬件直接相关，当操作系统的粉丝需求聚焦到一定程度，可以直接拉动手机硬件的研发工作。何况，小米论坛上很多建议是直接提给手机的。从粉丝反馈中去不断改进手机设计和研发，基本上等同于为粉丝定制手机。这是小米案例的核心价值之一！

小米最核心的粉丝聚集地就是小米社区，那里被定义为"手机技术偏好男的乐土"。但小米社区并非一个大规模的公共传播平台，靠它进行大规模传播、聚集大规模粉丝，是不够的。小米的确不打广告，但它依然需要一个公众聚集的媒体阵地。有粉丝群，才能有更高的认知度、记忆度和成单量。

对一个新品牌，的确是多数人都不熟悉，但看多了、看久了就能熟悉。这个道理很浅白，但它必然要求能有一个产生大范围、大频次曝光的媒体平台。而在2010年以来，最大、最热的开放式媒体平台就是微博。

小米微博基本上是一个完整的矩阵，包括：公司级别的@小米公司；产品级别的@ 小米手机、@米聊、@MIUI_ROM；人物级别的@雷军、@黎万强、@林斌_Bin等，以及大量员工微博；粉丝类型的@小米社区、@小米粉丝网、@小米手机后援会等。

因此，从2010年就开始的小米微博矩阵，加上百度贴吧、其他论坛和后来的QQ社区，就成为小米传播的主打位置。对于粉丝来说，如果只见微博，不见互动，没有不断的信息爆点发布，基本等于无用功。因此，小米始终维持20～30个人的团队来进行微博互动管理。

而"全员出击"，到微博这里依然生效。@雷军、@MIUI_ROM、@米聊、@小米手机、@小米粉丝网……实际上与小米相关的微博至少有上百个，它们有目的地组织开展了与大范围粉丝进行的高频次沟通。

雷军甚至给自己规定：每天必须在微博上与100个粉丝互动。那么，除去一定的重复率，仅雷军一人一年就可以直接影响到一两万名粉丝，而这些粉丝又可以影响几十万的外围粉丝。那可是和一个公司的董事长零距离沟通！粉丝怎么会不想尝试一下它的产品呢？

加上小米全员数百人的沟通量，以及微博后台和相关软件带来的协助沟通效率，小米达成百万级的中坚粉丝沟通量和千万级的外围粉丝影响量，其实是可能的！

积极付出是有回报的。粉丝在小米的"高频次"搅动下，活跃度也非常高，甚至自发组织了区别于小米社区的外围论坛，例如"米华社"。组织工作中最紧要的一项是给自己的粉丝团体起一个名字——"米粉"。别小看这名字，它有天生的聚合力。

粉丝想"粉"的理想目标，是一个类似明星的艺术品。小米做的不是艺术品，但它至少可以显出做艺术品的专业诚恳态度和精心打磨过程。实际上，小米手机后来在发布过程中不断主打的四个卖点：双核、超大屏幕、信号好、电池大，其实都来自之前对"发烧友想要什么样的手机"的调研。小米自己也承认"在立项之始就针对这四大特点研发"，从未偏离，同时他们一直欣喜地发现其他对手的手机"或多或少都无法满足这四个特点"。

听取粉丝意见是一种吸取，但小米针对粉丝群还有系列的主动信息放送。更重要的，在@雷军、@MIUI_ROM、@米聊、@小米手机、@小米粉丝网乃至所有小米相关微博之间，进行了大量有规划有内涵的信息震荡。

例如，2011年8月10日，小米副总裁黎万强首先发微博说："#小米手机#包装盒：整体绿色环保，100%可降解。内包装的白色纸浆架，我第一次看到很像高级饭盒的材料。后来，问了下我们ID设计团队，确实安全系数可以拿来当饭盒的。"

然后，雷军跟进说："环保材料设计的包装可能不炫，但对子孙后代好。"接着，小米的另外一位同事"@陈露_小米"接着跟进说："第一次雷总提出这个环保要求时，我们觉得是不可能完全实现的。感谢团队的共同努力，小米包装已经几乎快达到雷总的高标准要求了！"

雷军马上互动，并释放一个小细节："目前环保材料实在太贵，而且国内生产厂商太少。我要求他们做环保名片，就把他们整疯了。"

黎万强微博最初只有几十条评论和一百多次转发，但仅仅在内部人的数次震荡之后，评论超过300人，转发超过800次。如果加入网络重点意见领袖的环节，则该类信息的震荡效果会更大，吸引的粉丝参与范围更广。小米微博信息的转发最高可达200多万次！在小米网络信息发布的震荡过程之中，设计了很多有利新闻传播的内容。这类内容主要包含：产品测评、产品上市、销售业绩、粉丝故事、高层理念等。它们最直接的作用是引发各类粉丝的参与、互动和转发。

小米在网络内容传播的设计方面，还特别重视对线下媒体关注内容的释放。例如像100万台销量、工程机发售、1小时售罄等等，其实具有很强的新闻性，因此获得各类报刊、电台、甚至电视媒体的辐射性传播，达到多级多维放送的效果。

在网络发布的内容中，一定要有一些信息爆发点。例如在微博上发布的小米、小米2和红米，结合了特别设定的转发送手机内容，往往获得数十万次的转发传播效果。但最集中的爆发点，仍然是正式举办的发布会。

发布会其实不应该是简单的新产品上市推广会，它之前针对粉丝的预告、消息、互动、承诺（以及故意造成的失望）等，才是重要环节——而到了发布会，实际上已经成为情绪的爆点，让所有人的欲望得到满足、心理得到释放、疑问得到解答，这样的发布会才达到了最佳的效果。

2011年8月小米手机发布会后，并未马上进行公开发售，而是紧接着先做了一场工程机发售。手机界定义："手机作为一种高科技产品，在顺利上市、铺货之前，可能需要做多次各个方面的修改和完善，比如ID方面、结构方面、软硬件方面等等。在这整个改善的全过程中，厂家做出的一些成品、半成品的机型，被统称为工程机。相对于后来正式上市销售的手机，工程机都是'Not For Sale'（不公开发售）的。"但小米就敢拿出来发售，并且是专门针对自己的核心粉丝群发售：比1999元便宜300元，只针对"发帖互动积分达到100分以上的MIUI论坛、米聊论坛、小米论坛的米粉。"

这是干什么？是为最后的发售蓄能！

我们知道，核心粉丝对小米的各类产品贡献巨大。小米对他们所进行的"核心回馈"，实际上是再次强化这个群体和小米之间的关系。工程机的发售，不仅仅在成品上市之前，再次收集一次改善意见和建议，同时也让核心粉丝满足于小米的开放和自信，也让他们感受到小米对核心粉丝的尊重和关心——他们将成为未来推动中坚粉丝购买、解答外围粉丝疑问、反驳外界对手批判的重要力量！可以说，发售工程机，就是一次结盟运动。

小米手机为粉丝提供的，并不仅仅是产品和性价比，它在包装和配件方面，也提供了大量的增值性质的可选项。唯一与典型增值服务不同的是，小米将一些增值项也用来收费了。米粉对小米不同色彩的彩壳收集，就是其中一项。不过米粉对此津津乐道，还会比拼谁收集得更多。

小米社区还为粉丝提供了一些增值项，例如《爆米花》杂志和小米学院。前者是针对小米手机用户制作的内部刊物，有在线版和印刷版两种。其中就有大量的米粉故事、米粉创意和最新手机玩法；后者是针对各类新手学习小米用法、老手交流小米玩法的园地，尤其针对新手，带去很多小米手机应用的乐趣。

对于参加发布会和其他活动的粉丝，小米还为他们提供统一的文化衫，以营造共同的"场效应"。基于一个新品牌的发展位置和粉丝的高期待，小米预感到其产品可能引发大量应用问题。客服满意度直接决定小米发售之后的企业生死。

为此，小米内部组织了庞大的客服团队——有大约400位客服人员，通过各种通道，回答米粉的问题。同时，这些客服也非简单的"呼入型"（等待顾客呼叫咨询），而是采用积极营销方式，通过论坛、微博、贴吧、QQ空间等，向米粉和外围顾客传递产品信息、米粉故事和有趣玩法。也就是说，其客服的重点在于攻击，而非防守。

在上述基本工作之外，小米还针对粉丝提供特别的荣誉、活动和交流机会。例如就在小米手机发布之后，小米就成立了"小米荣誉顾问团"，他们类似苹果专卖店里"天才吧"的天才们，只要符合拥有小米手机、社区积分大于或等于1500、玩机年限2年以上、熟悉手机软硬件等条件的，就可以申请加入，并可获得专门勋章、可被邀请参加粉丝同城会等活动，以及在"米华社"中的优先展示资格等权利。

但这些荣耀、组织还不足以集中释放粉丝的热情，因此，小米组织了一个集中的年度庆典——"米粉节"，辅以爆米花活动和米粉团活动，并按各类型人群对米粉进行分类研究和互动交流。这些活动并非单纯的粉丝互动，也可以成为极佳的销售场合。例如2012年4月6日第一届米粉节，当日在节庆过程中就创造了6分多钟销售完10万手机的记录！

足够尊重用户，产品才有吸引力

2013年小米的产品发布会的主题叫倚天屠龙，后来被解读为代表两款明星产品：小米3和小米电视。其实，在此前的设想里，倚天屠龙并不包含小米电视，但是，小米电视靠着极致的表现成为另一款令人尖叫的产品。

当小米电视只剩下三个月就要发布的时候，小米开发团队成员心中并不踏实，小米电视开发团队中几乎所有高管都患上了焦虑症。特别是小米科技联合创始人、多看科技CEO王川深深陷入了自我怀疑之中。他开始担心自己团队开发的小米电视不够好，难以吸引用户。随着产品发布时间越来越接近，大家对这款智能电视越来越没信心，很多人进入一种焦躁不安的状态，他们总忍不住问自己或悄悄地问同事：这款电视到底怎么卖，究竟谁会喜欢这个东西？

2012年下半年，多看科技被小米全资收购，很多人希望尽快以实际行动证明自己。那么，是开发一款笔记本电脑还是一款平板电脑呢？他们曾面临很多选择，雷军选择了开发一款智能电视。他相信，47寸屏幕的小米电视将在这个市场成为领导者，成为多看硬件团队实力的最佳证明。

无论对小米公司，还是对多看团队来说，小米电视都是最重要的硬件产品。同时，这款产品的开发难度也被抬升到空前的高度，它将采取全新的底层技术和交互设计。为此，雷军调集了团队中最好的一百多名工程师。

但难度仍然是超出预期的。开发过程中有好几次，他们都险些放弃这款智能电视。最危险的一次，他们无法让两块从未组合在一起运行的核心芯片同步工作。不论小米电视的设计方案多么宏伟，如果不能推出产品，那么，一切都是空谈。所有技术问题最终被解决之后，整个项目开发团队已对小米电视陷入审美疲劳，甚至失去信心，他们忐忑不安地参与了小米电视9月发布会的准备工作。小米的品牌影响力通过网络树立起来，那里容易产生赞誉，也欢迎揶揄、咒骂。

第一次积极的改变发生在发布会现场，高管们看到为小米电视设计的展示间后，顿时觉得这台电视比在乱糟糟的开发环境中靓丽了许多。在那场火爆异常的发布会上，小米电视UE负责人李创奇悄悄挤进了会场，目睹了雷军公布小米电视后现场观众的热情。李创奇有点儿想哭。

什么是智能电视？雷军认为智能电视就应该是一台超级电脑。作为乔布斯的信徒，他认为乔布斯一生中开发的所有产品本质上都是一台超级电脑。只有在一台电脑上，才能依靠不同的应用带来完全不同的用户体验。电视直播、在线视频、电视游戏等功能，都成为智能电视中的一个应用，就像电话功能只是iPhone或安卓手机中的一个应用那样。这已经成为雷军的产品哲学。

当然，目前还没有看到真正可以颠覆用户体验的智能电视应用或功能出现，最有可能第一个承担起这个角色的还是游戏，不过也尚需时日。但王川和他的团队相信这一天很快就能到来。雷军之所以坚持把电视直播变成智能电视中的一个应用，一个重要原因是，只有在这样的模式下，用户不论收看湖南卫视直播的《爸爸去哪儿》，还是看在线美剧视频，他看到的用户界面和使用的操控方式才能是统一的。

从理论上来说，小米之前已经成功开发过一台"超级电脑"——小米手机；从架构角度来看，甚至可以把小米电视视为一台巨屏的小米手机。那么，开发一款巨屏手机又怎么会如此困难呢？要实现雷军这种产品哲学，小米电视几次差点儿夭折，最终的产品发布时间也比原定的2014年4月延后半年之久，落后在了乐视和爱奇艺后面。

真正的好设计是什么？使用起来简单，后台处理复杂。比如苹果的产品，你看到的界面简洁易用，但实际上后面的技术非常复杂。你只是靠界面这一层来解决问题，很多的用户场景你是做不出来的。很多所谓的智能电视，底层主结构仍是一台传统电视，然后在其中增加一颗智能芯片，来实现在线视频等功能，需要用户用遥控器在传统电视系统和智能系统之间切换。小米公司认为这样的交互功能体验并不够好，于是采用了一套非常复杂的底层主板设计——相当于在一块手机主板上，增加一块电视芯片，作为输入源来支持电视直播功能。电视是其中的一个画中画。所有界面都运行在高通那块智能芯片上，电视只是电路主板上的一个元器件。不过这样一来，主板的电路设计会完全不同。正是这项关键的开发工作，险些让小米电视夭折。

这样的设计思路并非小米首创，小米的CPU供货商高通也拿出了一套相应的参考设计方案。但雷军认为这套方案达不到他的标准，他反问电视项目的高管：我们为什么要用别人现成的方案？

简单来说，小米团队用一块对中国电视信号兼容性更好但没有参考设计的电视芯片，替换了参考方案中原有的芯片，然后全新开发了一套让这两块芯片能够稳定、高效协同工作的设计方案。

"我就坚信它能这么用！这是我们自己尝试出来的。所以，高通的方案中，包括电路很多东西，我们都要重新改，所以我们的工作量大很多。"雷军表示，"我觉得我做完之后，大家都会认可这个方案，因为这是合理的。我帮他们试错了，告诉他们这么做是可以的。"工程师们为小米电视选择了一颗MSTAR 电视芯片与高通CPU搭档。

根据小米提供的数据，MSTAR这家专注电视市场几十年的公司，在中国电视市场拥有70%份额。之所以选择它，是因为它对非标准电视信号的支持很好，其兼容性在中国市场是最好的。小米要把兼容性最好的电视芯片和性能最强的智能处理器搭配在一起。在这个开发过程中，高通负责电视产品设计方案的工程师会乘飞机赶到多看办公室，一起改进这个构架。

这套全新芯片搭配方案需要解决的不仅仅是硬件问题，还要为运行在这个新架构上的安卓系统确保运行的稳定性。小米竭力去做的是保证安卓系统自身原有的稳定性，确保它更加兼容。工程师们用三个月时间做各种压力测试，来确保小米电视在各种情况下的稳定性。除了进行过7×24小时的视频播放测试外，还会进行频繁切换台、重复开机、重复刷机升级、频繁切换信号源等各种压力测试。他们的目的是要把电视系统和安卓系统很好地融合在一起。而很多传统电视制造商的产品中，电视直播和安卓界面完全是两个世界。这谈不上融合，而是搭积木。

对于小米电视这个产品来说，产品及供应链负责人戴青松是至关重要的角色。尽管他们的团队之前曾推出过小米盒子这样的硬件产品，但电视行业的水无疑更深。当小米电视研发成功，迈出关键一步后，雷军需要一个行业专家来帮助他把小米电视实现量产。

早在1999年，戴青松在创维负责维纳斯项目时，就结识了王川。后来，王川创办雷石后，戴青松还曾尝试与王川合作开发一款KTV电视。而当雷军投资王川创立多看，开发电子书相关产品时，戴青松成为多看的投资人之一。不过，戴青松自己却一直留在传统电视行业，担任过创维电视业务负责研发的常务副总经理、创维酷开电视CTO。戴青松担任TCL中国区研发负责人时，也曾带领团队开发出互联网电视产品。王川也多次邀请戴青松加入多看，但戴青松告诉王川，如果做电视才会加入，否则免谈。随着2012年雷军和王川决心开发智能电视，戴青松终于成为王川的同事。

戴青松来到多看时，这家公司没有一个专职人员负责供应链，他需要从零开始组建一套供应链管理体系。但对戴青松来说，这反而是个轻松起步的机会。

"选择重建这套体系时，你会把以前很多试错的东西全部省掉，一步就做到位，这样反而是最高效的。"戴青松说，"就像Tesla做电动车，你会发现它强大的地方是根本就没有走传统行业的老路：做了非常多的试错，最后试出一条对的路，而是在分析了传统行业状况后，直接建立一个完全不同的成功模式。"

无论从物品供应商、元器件供应商，还是从工厂的供应商，小米电视找到的是被三星、苹果等世界一流制造商训练过的供应商。戴青松认为，传统电视品牌的供应链体系，是在以往电视产品供不应求的时代建立起来的内部体系。这意味着他们并不都是非常注重品质，也不具备直接与全球一流供应商市场竞争的经验和能力。

戴青松为小米电视寻找供应商时，他们已经能够理解智能电视和用互联网模式做硬件的理念。但对供应链仅仅讲故事可不够，他们真正的顾虑是一家小公司跨行业来做电视这样的产品，能否组建一支有实力的团队，并开发出一个真正过硬的产品出来。

戴青松解决问题的方法很简单。他把小米电视的开发成果一点一点地展现给供应商，从初期的手板模型开始，然后是电路板，再把逐步开发出来的系统UI给他们看，让供应商们体验到真实功能和传统电视、其他的智能电视有哪些不同。再加上他之前在整个供应链体系的人脉积累和小米手机的成功，小米电视获得了顶级供应商的支持。

小米电视卖给谁？那些真正停留在电视机前的人？小米电视软件负责人李锋从盒子上得到的宝贵经验，则是如何通过挖掘用户行为数据来判断产品开发的方向。最初，小米盒子只想做一个功能——播放在线视频，但李锋发现，居然有高达80%的用户在论坛都表示需要"本地播放"功能。

开发团队意识到，本地播放不仅是一个口碑效应明显的功能，还是盒子用户强需求的功能，于是就努力去开发、完善本地播放的功能。本地播放功能对盒子的要求极高，因为需要插接移动硬盘、U盘等外设，又牵扯到移动存储设备兼容性问题。另一方面，用户需要播放的视频格式又多种多样，这要求盒子能够支持足够多的视频格式。

开发团队投入了大量人力、物力完善本地播放功能，可是当盒子用户规模超过10万人时，李锋却发现，使用本地播放功能的用户比例却急剧下降。这是因为，小米盒子的初期用户很多都是电脑玩家，他们对本地播放有强需求非常正常。但当产品从早期核心用户圈拓展到大众圈时，真正目标用户群的需求却并非如此。

"只有当用户形成群体规模时，你做数据挖掘才有意义。按互联网产品观念来看，你服务的是一个群体，100万人的群体，不等于100万个人的需求叠加。"李锋解释说，"要找出这个群体的需求，要找到这样一个集合，刚好能够满足绝大部分人80%的需求，而不是满足每一个人的需求。"这个经验和小米盒子的数据挖掘，为后续确定小米电视的目标用户群，发挥了非常重要的作用。

小米电视开发团队最初设定了几类目标用户群，其中主力用户群应当是小米手机的用户，那些30岁左右的年轻人。但小米盒子的真实数据却显示，这样的智能产品的确都是年轻人购买的，但盒子最主要的两个用户群体却是他们的父母和孩子。根据官方数据，小米盒子中点播量最多的节目类型是动画和韩剧，而且观看时间相当一部分都在白天时段，有的盒子甚至一整天地播放。

在2011年底的时候，小米团队就开始思考电视产品怎么做。当时媒

体公布了一个数据，北京电视开机率不足35%。小米电视团队开始思考
离开电视的是哪种类型的人群，留在屏幕前的又是哪种类型的用户。

和很多智能电视制造商一样，小米最初也希望能把离开电视屏幕的
年轻人拉回来。但通过市场验证，想要把那些习惯在小屏幕消费内容的
年轻人拉回到电视前成本非常高，并不现实，还是应该关注留在电视屏
幕前的人。新的电视收看方式，会逐步影响到那些不看电视的家人。因
此，小米电视真正的目标用户是那些停留在电视机前的人。这直接决定
了小米电视并没有配备体验、语音操控等时髦技术，因为普通用户使用
起来并不方便。

"现在的产品印证了我们的判断。我们跟其他人不一样的地方，就
是我们先服务那些在电视机前面的人。"李创奇说，"我们没有奢望只
要自己一做电视，以前不看电视的人就看电视了。我们要让现在看电视
的人看得更好。"

最终开发团队设定了五个用户模型，其中典型用户有三种：学龄前
儿童、退休后的老年人和家庭妇女，这三类人群被确定为小米电视的主
力用户。不做噱头，只做用户真正需要的东西风格极简的遥控器是小米
团队最满意的产品设计之一。第一代小米盒子所配的遥控器，甚至比现
在小米电视的11键遥控器还少了2个按钮——音量键。

当初，在开发遥控器时，小米盒子产品负责人李创奇跟王川吵了
很久。李创奇认为音量键必须有，因为这个功能是独立于操作系统之外
的。但在设计上坚持极简主义的王川固执地拒绝音量键，在这之前，他
已经把传统遥控器上最常用的频道增减按键砍掉了。他的理由并非没有

道理：因为单手握住遥控器时，手指所触控的范围并不大，所有按键都要在这个舒适范围内设计。如果增加了音量键，手指就需要上下大范围地移动，这会使得操控不方便。

吵到后来，王川告诉李创奇："我就给你这么多空间，你能做好证明你有本事。做不出来的话，你自己去想办法解决。"

李创奇曾经考虑过用上下键调整音量，但考虑到这样的设计，会给第三方应用操作带来不便，于是就放弃了。小米盒子的遥控器，最终把调节音量的功能交给电视遥控器去解决。但在小米电视上，这个操控无法转移，于是，现在不论小米盒子还是小米电视的遥控器上，都增加了两个音量键。

与Apple TV的遥控器相比，小米盒子遥控器的两个功能键分别被设计成"菜单"和"返回"，除此之外，它还增加了一个"主页"按键。这三个按键的设计，也符合安卓系统的操作需求。

小米盒子和遥控器的工业设计借鉴了Apple TV颇多。但王川和他的工程师用微创新的方式，开发出一款性价比极高的产品。

在产品开发方面，王川最爱说两句话：为什么一定用别人的？为什么不用别人的？特别是在代码、设计层面的开发，他相信靠自己的开发团队能做得更好，一定不用现成的解决方案。

当音量键出现在小米电视遥控器上后，这次让开发团队吵翻天的则是是否需要在遥控器里增加蓝牙、体感和语音操控功能。

毫无疑问，如果装配了这些热门技术，可以让小米电视的市场空间进一步放大。例如可以有更丰富的操控方式来玩像《疯狂的小鸟》这样的游戏。但这些功能会让遥控器的成本增加近两倍。

王川最终否定这些的原因很简单，这些功能还不够好用。"所有交互方式我都研究过，靠谱的我们用，不靠谱的全不用，不做噱头。"王川说，"我用过国际品牌最高档的电视、最好的体感操控，买时觉得非常美好，买回来你绝对不会用。"

他曾经专门向一位微软高管咨询过Kinect体感操控技术，对方告诉他这项技术的使用是有特殊场景的。Kinect本身会产生误码，但在游戏中用户只会觉得自己动作没做好，而不是操控不够精准。不过，在操控例如调节音量这样的电视功能时，不够精确的操控却会带来非常糟糕的用户体验。

而语音操控功能，王川早在雷石开发KTV系统时就曾经尝试过，当初的识别率已经达90%多，但只要有误识别，用户体验就很糟糕，随后王川就不愿意用了。"他们告诉我，那些功能会帮我卖电视。可用户买回去会满意吗？"王川问道，"我告诉他们，等到你看到大街上大家都用语音操控手机了，那说明它真的有用了。我绝对不做噱头，我就做用户真正用得上的东西。"

你可以把这些理解为王川足够尊重用户，另一方面，你也可以认为小米的商业模式决定了它必须提供出色的用户体验，即推出性价比极高的产品吸引大量用户购买，然后通过配件、应用等其他增值模式赚取利润。所以产品一定要足够有吸引力，否则增值模式无从谈起。

第二章

互联网思维就是口碑为王

从前的营销都是一种强制性的、教育式的营销，都是利用单向通道，强制性改变用户观念。但是今天，时代变了，应该用一种更娱乐化的方式来讲述你的产品，进行体验式营销。口碑的真谛是超预期，只有超预期的东西，大家才会形成口碑。

饥饿营销并非小米的初衷

    ❝饥饿营销"曾是小米的法宝，小米选择几轮限量发售、每轮开发购买的方式，销售成果惊人。这种模式随着智能手机市场迅速扩张，加大了厂商对供应链的管理难度，甚至进而引发了供应链体系的混乱。饥饿营销为什么魅力如此巨大呢？

多米尼克·安塞尔面包店推出了一款奶油夹心蛋糕，"甜甜圈+羊角"造型的面包迅速风靡了整个曼哈顿。面包店每天只做200～250个羊角甜甜圈，每个售价5美元，但从店前排的长龙看来，店家每天可卖出的远不止这个数。

在多米尼克·安塞尔面包店的网站上，有购买羊角甜甜圈的"秘籍"：建议顾客在面包店8点开门前两个小时排好队。同时声明，每位顾客限购两个羊角甜甜圈。据闻，因为羊角甜甜圈如此难得，有人专门排队后转手将羊角甜甜圈卖出去，由此，羊角甜甜圈的价格甚至卖到了30美元一个！

这听起来令人匪夷所思。事实上，我们大多数人都经历过排长龙的痛苦，只为了买新出的小玩意儿、看最新的热门电影、等待人满为患的餐厅空出位子。不管如何，我们不断跟自己说，站上一个小时甚至更久绝对是值得的。

也许有人会问：既然产品如此受欢迎，为何不让人们更容易购得？为什么吃货们肯为买羊角甜甜圈排两个小时的长龙？

饥饿营销，其实是一种用户预约机制。这就是关于饥饿营销的甜甜圈经济学：痛苦排队买羊角甜甜圈，从而打响产品的知名度。许多人都排着队，这传达出你也应该加入潮流的信息。心理学家和行为决策科学家将此行为叫作"自我传递信号"，即做出向自己传递我们如何看待自己的决定。

在市场营销学中，所谓"饥饿营销"，是指商品提供者有意调低产量，以期达到调控供求关系、制造供不应求"假象"、维持商品较高售价和利润率，以达到维护品牌形象、提高产品附加值的目的。

说起饥饿营销，苹果是高手中的高手，它们屡试不爽，且在iPhone4S和iPad2的销售中将饥饿营销运用到登峰造极的地步。

企业对这一手段情有独钟、乐此不疲，自然有它的道理。因为从效果来看，不论是苹果iPhone、小米手机，还是TCL的C995智能手机，饥饿营销总能一次又一次地挑动消费者的神经。营销专家认为，企业采用饥饿营销方式的前提是其产品品牌和产品质量拥有足够的号召力，然后再运用饥饿营销方式使其价值和号召力成倍放大，为以后的持续热销打下基础，同时建立其客户群体的品牌忠诚度。这也是苹果iPhone、iPad和诺基亚N97采用饥饿营销方式能够取得成功的原因所在。

根据小米官方提供的数据显示，进行7次开放购买之后，已经有180

万消费者购买了小米手机。虽然销量不错，但公众对于其"饥饿营销"的质疑从没有间断过。

随着时间的推移，核心部件价格一月一降，甚至一月数降，"小米"式饥饿营销除了不断拉高消费者的心理预期外，更重要的是在不断降低小米的生产成本。这就是小米的成本控制之道。

2011年9月5日，小米手机正式开放网络预订，从5日13时到6日23:40，两天内预订量超过30万台，小米网站随即宣布立刻停止预订并关闭了购买通道；2011年12月18日凌晨，小米手机开始面向普通消费者直接销售，每人限购两台。在开放购买3小时后，小米网站称12月在线销售的10万库存就全部售罄；2012年1月4日下午，第二轮上线的10万台小米手机，在两个小时内被抢购一空。

但饥饿营销并非小米的初衷，2012年，小米曾用几个数据表明了小米手机在当时的热度。截至2012年8月底，百度搜索"小米手机"关键词相关结果约700万个，Google搜索相关结果2700万条，新浪微博上"小米手机"的内容达70多万条。搜索结果和微博分享数量是一个信息的基本覆盖问题，在进行所有炒作或是营销之前，最后把这一步做充分，不然你的各种说法、信息和话题在网络里无法立足，也就是会造成查无所获、问无所得的尴尬境地。

8月16日，小米手机发布当天正好是MIUI一周年，小米公司在论坛上征集粉丝参加小米手机发布会，最后报名人数多达800人。他们还把一段"来自雷军CEO朋友们的祝福"的视频拿到小米手机发布会现场播放，包括多玩网CEO李学凌在内的几位知名人士纷纷将IPhone4扔到垃圾桶，以示力挺小米手机。可以说，小米手机充分利用了话题，参与小米手机发布会的那些人，可以说成为小米手机产品的知情者，因为知情，所以表达，这些人成为小米手机营销话题的重要一环，而小米手机的话题非常新鲜和富有争议：这些名人为什么纷纷将iPhone4丢到垃圾桶？因为小米手机！

小米在做网络营销的时候，把控每个营销节点，不断制造话题，小米手机在市场营销上的热度逐步升温，所有的一切最终使其成为业内热论的话题。特别是小米手机发布之前、发布之时，就是小米制造话题、讨论话题、对话题进行辩论最激烈的时候。参与这些话题的人越多，大家争论得越激烈，那么，小米的网络营销活动就越成功。

其实，小米在做网络营销的时候，根本就没有让大家"挨饿"的计划，仅仅是想在发布之前，或是产能不足、没有货的时候，让大家以正面的、积极的、甚至疯狂的层面多多议论下，借大家的力量一起炒热这个手机而已。

部分发烧友由于没有抢到手机，于是在网络上表达自己的急切盼望甚至抱怨，于是有关小米的话题就更多了。无论是真实的愿望表达，还是伪装成用户去表达，总之，小米成功地驱动了这群人，使得更多的人成为真实的小米用户，而这一切，正是网络口碑营销的结果。

定战略、做服务、涨粉丝

天深夜，刚刚加完班的小米副总裁黎万强心血来潮，他把团队的几个成员拉到办公室，一起总结小米营销的经验，于是，就有小米营销的"九字真经"，即"定战略""做服务""涨粉丝"。实际上，营销也是生产力，而且拥有瞬间引爆影响力的效果。

第一板斧是"定战略"，把新营销当作战略。这个战略就是"新媒体是主战场，不是试验田"。因为没有营销预算，于是只能选择社会化营销的手段。小米是从最初级的互联网交互产品论坛开始做粉丝积累的，幸运的是，小米碰上了一个顺风车，2010年正好是微博大爆发的时候，小米迅速抓住了这个机会。

小米网的新媒体团队规模很大，小米论坛30人、微博30人、微信10人，百度、QQ空间等10人。这是一个罕见的现象。几乎很少有企业的新媒体负责人可以拍着胸脯说，在见不到真金白银、难以考核指标的情况下，老板会允许去建立一个近百人规模的新营销团队，并持续提供足够的弹药支持。"小米粉丝"能成为一种现象，恰恰是始于小米在战略层面的大胆与笃行。

第二板斧是做服务。客服不是挡箭牌，客服就是营销。小米论坛是这种服务战略的大本营，微博、微信等都有客服的职能。

雷军发布小米1时的PPT中有一张图片，他是小米客服的001号，而整个小米团队是全员客服，这是一种组织架构的扁平化表现。传统企业的做法是管理团队下设产品团队和客户团队，后两者不定期进行用户调研，与用户的接触与交互总是隔着一层，也不够实时；小米则是管理、产品和客服团队同时通过新媒体接触用户。

小米在微博客服上有个规定：15分钟快速响应。为此，还专门开发了一个客服平台做专门处理。特别是在微博上，用户不管是发表建议还是吐槽，很快就有小米的人员进行回复和解答，很多用户倍感惊讶。

小米还有一个全民客服的理念，鼓励大家真正近距离地接触用户。小米人每天会花一个小时的时间回复微博上的评论，包括所有的工程师，是否按时回复论坛上的帖子是其工作考核的重要指标。据统计，小米论坛每天新增12万个帖子，经过内容筛选和分类，有实质内容的帖子大约有8000个，平均每天每个工程师要回复150个帖子。工程师的反馈在每一个帖子后面都会有一个状态，比如已收录、正在解决、已解决、已验证，就相当于一个简版的Bug解决系统。用户可以明确地知道自己的建议是哪个ID的工程师在解决、什么时候能解决，用户会感觉自己的建议受到了重视，由此产生自豪感。

此外，小米还对进入的新媒体阵地进行了定位划分，除了共同承担客服的任务以外，基本形成了"微博拉新、社区沉淀、微信客服"等体系化运营架构，以此将每个阵地的属性效果发挥到最大值。

第三板斧是涨粉丝。微博营销千丝万缕，最关键的抓手就是粉丝。小米涨粉丝的秘密武器就是事件营销。小米在微博上做的第一个事件营销是"我是手机控"，发动手机控晒出自己玩过的手机，这个活动大概吸引了80万人参与。转发量最高的是"新浪微博开卖小米手机2"，也是新浪微博2012年最高转发纪录保持者，转发265万次，涨粉丝37万人。

最有影响的案例则是"小米手机青春版"。2012年5月18日，小米发布简配版手机，定价1499元，限量15万台，主打校园人群。为了实现15万的销售目标，微博营销提前一个月开始预热。小米启动了一个很奇怪的主题叫"150克青春"。150克其实是小米青春版手机的重量，手机包装盒里面写的是"内有150克青春"，噱头十足。高潮环节是小米七个合伙人拍的一个微视频，当时《那些年我们追过的女孩》正火，小米的七个领头人参照电影拍了一系列海报、视频，相当于一群老男人集体卖萌，话题感十足。为了刺激转发，小米下了一个狠招，这个招数在小米的所有事件营销里屡试不爽，就是有奖转发送小米手机，比如赠送一部红米手机、F码等，3天狂送36台小米手机，这甚至让场外的黄牛急红了眼……最后的战果是，"小米青春版"微博转发量203万次，涨粉丝41万人。

靠这种拉粉丝手段，小米在微信上的营销也是风生水起，4个月做到100多万粉丝。对于微信的定位，小米早期也迷茫，后来明确定位为客服。这也跟微信的产品形态有关，微信的关键词回复机制，很适合打造自助服务的客服平台。小米微信每天接收的信息量是30000条，每天后台自动回复量28000条，每天人工处理信息量2000条。小米专门开发了一个技术后台，一些重要的问题反馈会转到人工客服。

小米经营粉丝的特别之处是，在小米内部，并不将粉丝视为宣传企业或者扮演水军的工具，而是鼓励"米粉"与"米粉"之间的互动。也就是说，小米运营粉丝的主体是互动而非灌输，在此基础上培育整个公司的营销敏感性，继而才有了类似红米捧红QQ空间的故事，将这些新媒体阵地原本被漠视的价值挖掘出来。

任何事情都是要"以奇胜，以正合"，小米将新媒体营销放到战略层面，并将其发挥到了极致，才走出了一条低成本、海量覆盖、黏性交互的新营销路线，但其背后踏实的成体系运营才是根本。

说到底，小米营销"九字真经"还有额外的一条附注说明：没有执行力，以上都无效。比如，有一条关于小米青春版手机的微博，曾经获得了203万次转发、涨粉丝41万的辉煌战绩，而这背后是包括雷军、黎万强等管理团队成员超过50次的文案修改。

此外，再说说小米发布会的演讲PPT，它甚至已被视为小米新营销的核心竞争力之一。所不为人知的是，小米的管理团队中有一位人称老潘的视觉设计总监，他是国内屈指可数的PPT牛人。据闻，小米3和小米电视的发布会PPT刚开始准备了一千多页，雷军等人修改了上百遍，才有了那个213页的最终版PPT。

不过，依然要回到问题的初点，为何新营销可以成为一种生产力？现在的小米更像是软硬一体化新浪潮中的另一个"聚划算"，这就是生产力。

比如，它的小米手机官网是国内最标准的垂直电商样本，而它所合作的淘宝、新浪微博、QQ空间、易迅网、凡客、微信等网站，一旦有小米开卖的活动，几乎都是在短时间内涌入超过数百万的流量，稍有不慎就会发生宕机事件。

黎万强解读几大新营销渠道的配合："论坛还是我们用户的大本营，一些深度的用户沉淀还是会通过论坛来完成，毕竟在微博和微信上，你所能够提供的方式是有限的，用户数据库的管理也是一个问题。对于微博来讲，我认为微博本身还是一个媒体，在客服的管理基础上，会有很多天然的营销传播优势。微信到今天来看，我们更多的是把它当成客服工具来用，还没有想把它当成营销工具，因为它本身是私密圈子。"

由此，小米也建立了一个粉丝矩阵。小米论坛有700多万个粉丝，小米手机加小米公司的微博粉丝有550万人，小米合伙人加员工的微博粉丝有770万人，微信有100万人。这些可精细化运营的粉丝，支撑了小米的营销神话，比如：2011年9月5日，小米手机首轮预订，34小时超过30万台；2011年12月18日第一轮开放购买，3小时售出10万台；2012年2月16日，小米手机电信版2天92万人参与抢购；2012年4月6日米粉节，6分05秒售出10万台小米手机。

但在小米式营销的操盘人黎万强看来，他有另一个词汇：用户扭曲力场，让用户有深入的参与感。扭曲力场是《星际迷航》里的一个术语，外星人通过极致的精神力量建造了新世界。苹果的员工曾用"现实扭曲力场"来形容乔布斯。也可以说，"米粉"通过极致的精神力量建造了小米的世界。

口碑的真谛是超预期

雷军创立小米时，对过去的金山模式有过深入骨髓的反思。一个最重要的反思就是产品思维。"中国很长时间是产品稀缺，粗放经营。做很多，却很累。一周工作7天，一天恨不得干12个小时，结果还是干不好，就认为雇佣的员工不够好，就得搞培训、搞运动、洗脑。但从来没有考虑把事情做少。互联网时代讲究单点切入，逐点放大。"

一开始，雷军就说要做互联网手机。但什么是互联网手机，谁也不知道。雷军找到了一个很直接的单点切入口：把手机当电脑做。"我们做了30年的PC，PC最后胜出的招儿只有两条：高性能、高性价比。"

在小米，雷军的第一定位不是CEO，而是首席产品经理。雷军不喜欢开管理会议，小米公司现在2500多人的规模，雷军在整个公司的管理上却只有每周一次、每次1小时的公司级例会，也没有什么季度总结会、半年总结会。雷军80%的时间是参加各种产品的会，每周都会定期和MIUI、米聊、硬件和营销部门的基层同事坐下来，举行产品层面的讨论会。小米的很多细节，就是在这样的会议当中由雷军和相关业务一线产品经理、工程师一起讨论决定的。

在产品思维上，雷军确定的方向是"让用户尖叫"的口碑产品。雷军说，"口碑的真谛是超预期，只有超预期的东西，大家才会形成口碑。"

小米手机一代为了制造"让用户尖叫"的兴奋点，下的最大功夫就是高配低价，国内首家双核1.5G手机，4英寸屏幕，待机时间450小时，800万像素镜头。当时这类智能手机的价位基本都是三四千左右，多低的定价更能使用户尖叫成为关键。据说发布会前一周，小米还在讨论定价，最后确定的是1999元，这个价格后来也成为很多智能手机的参考线。

2010年，小米团队面临的最大难关是供应链的信任和支持，找不到好的元器件供应商。当时正赶上智能手机的换机潮，好的元件是稀缺品，求着供货商才能拿到一点儿。尽管雷军在互联网界颇有名气，负责小米硬件的周光平曾经是摩托罗拉的高管，人脉颇广，但对于做硬件的人来说，大家都觉得小米的硬件不够强。从2010年9月底到12月底，小米跟芯片商高通的谈判才初战告捷。高通选小米的一个重要原因，也是赌一下互联网手机这种新的模式。为了拿到夏普液晶屏的供给，小米花了很多时间与夏普进行沟通，小米是日本东北地区地震之后，第一个去拜访供应商的中国公司。小米去了三个创始人，雷军带队，总裁林斌加上负责工业设计和供应链的刘德。最终打动夏普的是小米那种无论如何都想把手机做好的信念和魄力。

过了供应链这一道关，第二道坎是生产关和品质关。小米手机的加工线是给苹果组装iPad的英华达，生产供应链都要有爬坡的过程，工人需要熟悉新流程的过程，如何能从一开始就保证小米手机的良品率成了小米最关心的问题。十万台卖出去，品质不出大问题，你就可以生产一百万台了。到现在，英华达南京工厂将近80%的业务都是小米的。

另外一个尖叫型产品是小米2，发烧级四核高性能，是真正一个在四核时代里把内存标配、主流机器拉到2G内存的手机，那个时候主流机器的内存都是1G内存，价格还是1999元。

第三个尖叫型产品是小米盒子。在同类产品售价高达800元左右时（Apple TV 的价格），小米盒子的售价只有299元。

还有一个让用户尖叫的产品是MIUI。MIUI在安卓阵营奠定地位靠的是两个经典版本，一是MIUI2.3，在早期安卓操作系统界面很差劲儿的时候，小米的设计团队做了大量工作改进，对安卓系统做了相应的修改、优化、美化等，符合国人使用。另一个版本是V5，从5个主要的核心应用、18个小工具、8个主要的生态系统，包括浏览器、应用商店、主题商店、在线音乐、在线视频、读书等，进行了用户体验的全面优化。

但对用户而言，他们的尖叫点更多来自视觉化元素，比如个性主题、百变锁屏和自由桌面。MIUI的下一个尖叫点瞄向了NFC（简称近距离无线通信技术），小米发现的一个痛点是用户随身带太多的卡，希望通过手机把钱包里的这些卡进行整合。

有人说，MIUI已经变成了移动互联网的另一个入口。这个入口已经成为小米新的营收来源，目前MIUI的月营收已经突破1000万元。

这就是雷军所说的互联网手机的几大要素：1.按做电脑的方式做手机，以高性能、高性价比为核心，在硬件上接近成本定价；2.在软件上，利用互联网的手段让用户一块参与打造产品和用户体验；3.在渠道上，减掉中间环节，以电商渠道为主。

在黎万强看来，小米产品的秘密，首先是一个品类的胜利，这就是互联网手机。一位网友曾分析了小米手机的品牌定位：对于终端消费者来说，所有的山寨机厂商生产的手机都叫山寨机，所有苹果生产的手机都叫iPhone，小米想做的一件事，实际上是在消费者脑海中形成一种定位，小米手机不再是一款叫小米的安卓手机，而是变成一个专有名词，从而占据一块特定的细分市场空间。

对于互联网手机，大家最直接看得到的是小米通过互联网开发操作系统，通过互联网渠道为主发售。实际上，这个新品类的背后还有一个更深的层次，产品形态也发生变化了。另外就是商业模式的变化，小米坚信未来的硬件肯定是成本定价，硬件不是未来赚钱的方向，未来的方向是软件和增值服务。

从这个角度来讲，互联网手机和智能手机是两个不同的物种，智能手机的核心还是手机，而互联网手机的重点则是互联网。

在小米之后，出现了大量的互联网手机模式跟进者，他们能模仿小米吗？对于那些想通过互联网实现自我升级的传统企业，他们能借鉴小米吗？他们的最大难题不是硬件方面，也不是软件方面，而是小米这种粉丝参与产品设计的产品经理模式。

小米公司从一开始就鼓励，甚至要求所有工程师通过论坛、微博和QQ等渠道和用户直接取得联系。让工程师们直面每一段代码成果在用户面前的反馈，当一项新开发的功能发布后，工程师们马上就会看到用户的反馈。小米甚至要求工程师参加和粉丝聚会的线下活动。洪锋说：
"这样的活动让工程师知道他做的东西在服务谁，他感受到了用户不是
一个个数字，而是一张张脸，是一个个实实在在的人物。有女用户、女
粉丝非常热情地拉他们过去求签名、求合影，这些宅男工程师就觉得他
们写程序不是为了小米公司，而是为了他们的粉丝，这种价值实现是很
重要的。"

"四两拨千斤"的体验式营销

不同营销渠道有功能区别：微博拉新、论坛沉淀、微信客服。社会化营销的核心是参与感。反对高大全，要有娱乐化表述，找到四两拨千斤的巧劲儿。

在论坛成功之后，黎万强又向微博、微信等社交媒体发力。通过摸索，微博慢慢成为事件营销的主场，为小米赢得新用户，而论坛则沉淀下资源用户，微信则慢慢地开始发挥客服的作用。"论坛+微博+微信+QQ空间"成为小米营销的组合武器，小米几乎完全放弃了传统的广告形式。

社交平台可以"黏"住用户的核心是参与感，而制造参与感的两大利器则是"话题+活动"。小米的论坛、微博一直就是话题不断、活动频频，一次又一次的小高潮，将用户带入小米的语境当中。

小米在微博上的第一个活动是"我是手机控"，让大家都来秀一个自己玩过的手机。雷军在微博里率先炫耀自己的"藏品"，随后激发出用户的怀旧情绪和炫耀心理，瞬间就有100万用户参与，而小米并没有为此付出一分钱的广告费。活动的本质满足了人性里炫耀的根本心理。小米做活动无外乎两极分化，要么有很大的利益诱惑，要么极大地娱乐化。

另一个不花钱的经典案例是"盒子兄弟"。小米为了显示手机包装盒的质量，找了两个胖胖的内部员工站在一个小小的盒子上，这张照片极具喜感。随后被网友恶搞，把这照片搭配到各种背景里，"盒子兄弟"一夜走红互联网。黎万强总结道："互联网反对高大强，要用娱乐的方式去做营销，四两拨千斤。小米做事的特点是没有明星和美女，只有产品，有用户和员工这群屌丝。"

"从前的营销都是一种强制性的、教育式的营销，都是利用单向通道，强制性改变用户观念。但是今天，时代变了，应该用一种更娱乐化的方式来讲述你的产品，进行体验式营销。让用户走近你，让他感到原来你是这样的品质，你是这样做事的态度。"黎万强带领团队，用玩的方法颠覆了传统的营销理论。

很多中国企业创新业务，以为有个创意、拿个配方、买个技术就够了，但实际上，人才是核心。尤其重要的一点是，在粉丝传播过程中，最核心、最有效的内容发布群体是"核心粉丝"，他们一般是发烧友级别的手机爱好者，充满专业的"鉴赏者心理"，对各种手机研发历史、技术数据如数家珍，你怎么吸引、推动他们为你的产品做口碑？

小米一创立打出的门号就是"为手机发烧友而生"。想要做成这件事，光靠雷军当然不行，因此，一定要先组一个让人信服的团队。小米公司七人超豪华联合创始人团队，雷军是金山软件董事长，林斌是谷歌研究院副院长，洪锋是Google高级工程师，黄江吉是微软工程院首席工程师，黎万强是金山软件人机交互设计总监、金山词霸总经理，周光平是摩托罗拉北京研发中心总工程师，刘德是来自世界顶级设计中心Art Center的工业设计师。这些人本身就有大量的技术界朋友。小米实际上在微博传播之前，先建立了一个小米论坛社区，将一众IT和手机界的朋友聚集在一起，通过他们再聚合一批手机发烧友，参与、讨论与整合之后，再发布相关技术信息到微博等社交媒体上，影响下一层更多的"鉴赏者"。

小米手机释放大量信息：每秒8800万三角形的渲染能力、每秒5.32亿像素填充能力、F2.4大光圈、Launcher FPS测试、ALT系统测试……这一系列专业词汇，不断强化鉴赏者们的信心和兴趣，并推动他们一圈一圈向外传递小米信息，甚至直接引发购买。

据媒体报道，一位手机发烧友级的小米粉丝Z，除了自己拥有一部小米工程机，推荐亲友购买的小米手机达到六部！他的口头禅是："别听别人瞎扯！听我的，看数据！"听上去十分让人信服。

仅有硬件方面的传播"一级发动者"是不够的，手机硬件能保证基本的顾客群，但不能保证将顾客群扩大。玩过多部手机的雷军知道顾客对手机的关注实际上有一个结构，分为三个层面：手机硬件、操作平台和应用程序。电信运营商相当于高速公路，手机本身相当于路上跑的汽车，手机操作系统相当于汽车上的驾驶系统，而应用程序相当于驾驶舱里的CD播放器或者GPS导航仪。你以为顾客要的是汽车，但他们其实要的是更快更好地到达目的地，是驾乘体验和达成目标。如果三个层面都产生相应的粉丝群体，就可能产生最大的、互动的、叠加的推广效果。

对于投资者来说，这也是保险之举：一旦硬件失败，但软件可能成为下一轮融资亮点。因此，小米公司做的其实是三个产品：硬件级别的小米手机、系统级别的米柚、应用级别的米聊。

这三个产品尽管在用户上有交叉，但分三个方向满足了后来粉丝的三方面需求，或者说吸引了三类粉丝。小米手机直接针对硬件粉丝，米柚比手机早一年发布并安装到多种手机上（例如MOTO），米聊更是很早就在安卓市场上被广泛下载，并产生比微信更早的一批通话应用粉丝。

2010年就推出的米柚，实际上是安卓系统的一个优化版。它充分运用了安卓系统与苹果系统的斗争，但又基于中国市场需求进行改进而高于安卓系统，有评论说"米柚令安卓系统被订制得非常中国化"。在各类手机论坛中，当看到"用MIUI替代安卓，手机瞬间提高了一个档次"类似的话，这就是小米所要的效果——尽管你还没有用到小米手机，但你至少知道米柚比其他安卓系统更好。

很特别的产品是同样在2010年推出的米聊，它戏谑人生、替代电话的存在方式，帮小米吸引了第一代的非技术型粉丝。这个"泡妞神器"之一，更多地聚集到那些具备"逃离者心理"的人群，让他们从一开始就熟知小米。

"米聊泡妞泡了上司，我咋办嘛？""米聊泡妞宝典发布"……这种娱乐气质的话题发布，给小米蒙上另一层有意思的色彩，也拉动了大量有关小米的谈资。

手机、米柚、米聊的三层机构，更重要的意义是让小米拥有了可以和苹果全产业链（iPhone+IOS+App store）虽不能"对等"但可以"对比"的地位。有对比，就有推广内容，就有消费联想。

在雷军的品牌思路里，除了产品本身的精益求精、无可比拟之外，顾客对产品的体验是其最为看重的要素。产品本身之"酷"和消费者能够体验到的"酷"有时是截然不同的，只有消费者体验到"酷"，产品才能被消费者认可、接纳。因此，消费者体验之"酷"在先，和消费者能够接受的价格一起，构成产品本身之"酷"，这才能够永久征服消费者。所以，为了让消费者能够体验到小米公司的"酷"，小米人总是不遗余力，从产品研制到生产，从产品的内外包装甚至到自包装箱取出产品的过程，都追求"酷"的效果，更不用说当消费者将产品握在手里把玩体验时的感受环节。就这样，从一项产品的理论设想阶段，到最后成为消费者手里的一项用品，小米公司都竭尽全力为消费者设身处地地考虑。

归根结底一句话，如果想要消费者接受你的产品，想要他们真正理解你想要给他们一件多么好的产品的良苦用心，那么首先就要让消费者能简洁明了地体验到你产品的"酷"，如果消费者不能简单有效地触摸到这一点，甚至不是体验到"酷"，而是体验到"苦"，那么，你失去消费者的可能性很大。到那时，你再如何慨叹你产品有多"酷"，也毫无用处了！

信任是最好的口碑

66 小米公司非常注重用户体验，但是用户体验绝不仅仅是使用
小米产品的体验。我们想在与客户接触的每一个点都提供最
好的体验。小米公司新的客户服务平台对实现这一目标将起到至关重要
的作用。"小米的CEO雷军在一次演讲中表示，要"用互联网的思想
做手机"，在他看来，"专注、极致、口碑、快"是市场经营的"七字
诀"。在手机终端的销售上，他坚持省略中间渠道环节，采用"预体验
+线上营销"的方式卖手机。对于消费者来说，传统购买手机的习惯是
去营业厅或销售网点的柜台，一边体验一边比较，最终在几款中意的手
机之间做出最后的选择。而为什么小米手机却坚持网上销售的方式会成
功？之前Google也尝试在网上卖手机却未见成效。

消费者为何愿意放弃传统的购买习惯，还未曾看到并体验过真机，
就直接在网上下订单？这是源于消费者对产品的信任。在网上销售之
前，小米手机提前做了大量的准备工作：预先让客户体验小米手机，也
鼓励测试机构试用，并鼓励手机发烧友在网上发布体验感受。正是因
为有了这些前期的铺垫工作，不仅让试用过小米手机的消费者熟悉了这

款新产品，而且，作为"知识型"的消费者，那些手机发烧友的使用心得，对大众消费者来说有着很强的影响力。虽然不是所有购买小米手机的消费者都体验过它，但体验过的人所给出的好评，形成了很好的口碑效应。在移动互联网时代，口碑营销的力量是巨大的，良好的口碑会很快地影响到大众消费者。因此，大众消费者才敢放心地在网上购买小米手机。

从手机的销售模式来看，经历过很多的阶段。在每个阶段，都有大量的企业参与其中，只是随着时代的发展，有些企业逐渐发展壮大，有些企业则湮没在历史的尘埃之中。移动通信起步的阶段，由于机卡一体的技术制约，那时候，手机生产企业基本上都是国外厂商，销售模式也比较传统；后来，机卡分离的时代到来了，大批国内的手机生产企业涌现出来，山寨机正是那个时代的产物，其通过电视媒体的销售模式也可以说是一种创新；再后来，手机销售逐步演变成为通过渠道让利，来进行市场的争夺。渠道的让利一部分源于价格竞争，另一部分源于渠道资源的争夺，成为一种变相的营销成本。苹果手机作为3G智能手机时代的引领者，在销售渠道的监控上非常严格，有严格的渠道获利要求及终端售价限制，这在一定程度上避免了渠道间的复杂竞争，这是管理上的进步，但依然是传统的渠道销售模式。

的确，渠道的重要性如今正被越来越多的企业意识到。一款手机产品从出厂到消费者手中，传统销售渠道的每级都要按3%到5%的比例进行分成，如果按四至五级渠道来计算，至少需要为渠道支付平均16%的成本。高昂的渠道成本，在很大程度上降低了产品的性价比，最终，其实是消费者为渠道成本埋单了。

相比而言，通过客户预体验和线上销售相结合的模式，则能极大地降低流通成本。如今，消费者网络购物的习惯正在逐渐形成，这就给线上销售提供了有利的发展环境。借助发达的物流体系，通过网上订购模式，不仅节约了中间渠道成本，也大大地降低了人工服务成本。

在手机销售之前，做好客户预体验工作，营造良好的口碑，通过口碑营销"速度更快，受众范围更广"的特征，迅速打造手机的知名度和美誉度，然后，通过网络销售平台，将产品以快速、高效、低成本的方式，送达到顾客手中。在移动互联网时代，这种"预体验+线上销售"的模式能够吸引更多的消费者。

第三章

忠诚度第一，知名度第二

小米把"粉丝养成"作为了产品运营上的核心动作。"米粉"非一日养成，但是，赢得"米粉"的途径却只有竭诚勉力一条途径。小米的口碑营销一开始就是做参与感，从此杀出一条血路。

体验式消费时代，用户参与很重要

消费者选择商品的决策心理在这几十年发生了巨大的转变。用户购买一件商品，从最早的功能式消费，到后来的品牌式消费，到近年流行起来的体验式消费，而小米发现和正参与其中的是全新的"参与式消费"。

小米品牌快速崛起的背后是因为社会化媒体下的口碑传播，而小米口碑的核心关键词是"参与感"。互联网思维核心是口碑为王，口碑的本质是用户思维，就是让用户有参与感。

在物资匮乏的年代，人们为了满足功能性的需求而消费。那时候，当用户要买一块手表的时候，这块手表是上海牌还是北海牌都不重要，重要的是它能准确看时间。随着社会的发展，商品的日益丰富，广告行业在这个年代崛起，品牌成为商品世界的核心因素。一时间，品牌顾问公司、广告公司、VI设计等都火得不得了。

摩托罗拉、爱立信发明了手机。但在2000年左右，诺基亚以"科技以人为本"为理念的全球化品牌运作，让诺基亚品牌深入人心，超越了摩托罗拉、爱立信，在消费电子领域取得了前无古人的市场占有率。

伴随着超级市场等体验式卖场逐步取代传统的百货商店，体验式消费时代到来。食物好吃不好吃？您先尝尝。衣服好看不好看？您穿上试试。手机用起来爽不爽？您到我们的体验店里面来试试看。

为了让用户有更深入的体验，小米一开始就让用户参与到产品研发过程中来，包括市场运营。让用户参与，能满足年轻人"在场介入"的心理需求，抒发"影响世界"的热情。在此之前，多见于内容型UGC（用户产生内容）模式的产品，比如在动漫文化圈，著名的"B站"（Bilibili.tv），就是典型例子。爱好动漫和创作的年轻人们通过吐槽、转发、戏仿式的再创作等诸多方式进行投稿，营造出独有的亚文化话语体系。

在企业运营过程中，如何快速构建参与感？构建参与感，就是把做产品做服务做品牌做销售的过程开放，让用户参与进来，建立一个可触碰、可拥有、和用户共同成长的品牌！

"做爆品"是产品战略。产品规划某个阶段要有魄力只做一个产品，要做就要做到这个品类的市场第一。产品线不聚焦难以形成规模效应，资源太分散会导致参与感难于展开。

"做粉丝"是用户战略。参与感能扩散的背后是"信任背书"，是弱用户关系向更好信任度的强用户关系进化，粉丝文化首先让员工成为产品品牌的粉丝，其次要让用户获益。功能、信息共享是最初步的利益激励，所以我们常说"吐槽也是一种参与"，其次是荣誉和利益，只有对企业和用户双方获益的参与感才可持续！

"做自媒体"是内容战略。互联网的去中心化已消灭了权威，也消灭了信息不对称，做自媒体是让企业自己成为互联网的信息节点，让信息流速更快，信息传播结构扁平化，内部组织结构也要配套扁平化。鼓励引导每个员工、每个用户都成为"产品的代言人"。做内容运营建议要遵循"有用、情感和互动"的思路，只发有用的信息，每个信息都要有个性化的情感输出，要引导用户来进一步参与互动，分享扩散。

"开放参与节点"把做产品、做服务、做品牌、做销售的过程开放，筛选出对企业和用户双方获益的节点，双方获益的参与互动才可持续。开放的节点应该是基于功能需求，越是刚需，参与人越多。

"设计互动方式"根据开放的节点进行相应设计，互动建议遵循"简单、获益、有趣和真实"的设计思路。2014年春节爆发的"微信红包"活动就是极好的互动设计案例，大家可以抢红包获益，有趣而且很简单。

"扩散口碑事件"是先筛选出第一批对产品的认同者，小范围发酵参与感，把基于互动产生的内容做成可传播的事件，让口碑产生裂变，影响更多人参与，同时也放大了已参与用户的成就感，让参与感形成螺旋扩散的风暴效应！

扩散的途径，一般有两种，一是在开放的产品内部就植入了鼓励让用户分享的机制，类似2013年的休闲游戏"疯狂猜图"和"找你妹"就做得非常好，每天都有几十万条信息是从产品里就分享到微博、微信等社会化媒体里；二是官方从和用户互动的过程中发现话题来做专题的深度事件传播。

参与感至关重要，意味着消费需求发生了一次关键的跃迁，消费需求第一次超出了产品本身，不再囿于产品的物化属性，更多延伸向了社会属性：今天买东西不再简单是它能干什么，而是用它能参与到什么样新的体验进程中去。

让顾客成为品牌的缔造者

小米公司从零起步，以火箭般的速度上升，迅速成为知名品牌，打破了品牌难以在短期突破的误区；小米手机在广告投入极其有限，打破了品牌需要大规模投入的怪圈；小米手机通过以工程师为主要的团队，通过一群技术达人做成了中国上升速度最快的品牌，突破了品牌需要强大专业支持的藩篱。

那么，小米手机如何打造强势品牌的呢？其关键就在于"一二三模式"。

在小米手机没有出现之前，小米不过是一种谷物的代名词。犹如在2007年之前，苹果更多的是指一种水果，当苹果公司推出iPhone之后，苹果逐渐成为手机的代名词一样。好的品牌名字一定能赋予品牌新的内涵和联想，并且易于传播和记忆。与苹果有异曲同工之处，"小米"这个名称起得非常好。

小米手机出生那年，正是苹果风头正劲、三星奋起直追、诺基亚节节败退、其他品牌摩拳擦掌的时机。手机领域绝对是不折不扣的红海，光一线品牌就有数十个，小米手机凭什么能够脱颖而出？关键第一个切入点就是品类。当时，智能手机已经完成了初步普及，成为人们熟知的手机品类。作为后进入品牌，小米开创了新品类，其重点强调了"互联网手机"这个概念。小米的LOGO是一个"MI"形，是Mobile Internet的缩写，代表小米是一家移动互联网公司。

第二个切入点——聚焦。小米为了强化其"互联网手机"的定位，他们开展深度聚焦。首先，借鉴苹果的成功，小米同样聚焦单一产品，只做一款手机，而且是不计成本地做最好的产品。小米基本上都采用苹果的供应商。

譬如，他们是第一个采用高通4核1.5G芯片的手机。只做单一手机，用雷军的话讲，"互联网就是一种观念"，"少就是多，大道至简"。其实，用品牌定位的角度，当你越聚焦、越简单，你的品牌越容易进入顾客的内心，成为某一品类的代名词。

其次，小米把营销和渠道都放在互联网上，开创了互联网手机惜售模式，通过模式的创新来改变传统手机的成本结构，达成最高的性价比。小米也成为互联网手机的代名词，小米科技也成为典型的移动互联网公司。

小米的品牌理念非常简单，"为发烧而生"是小米的产品理念，也是小米的品牌理念。小米公司对外宣称其首创了用互联网模式开发手机操作系统、60万发烧友参与开发改进的模式，并强调自己是一家专注于高端智能手机自主研发的移动互联网公司。这进一步强化了其互联网手机的定位。此外，小米的LOGO倒过来是一个心字少了一个点。这意味着小米要让小米的用户省一点心，进一步强化了情感价值和诉求。

　　小米的品牌传播体系以创意见长。在公司介绍中，他们如是表述："小米人都喜欢创新、快速的互联网文化。小米拒绝平庸，小米人任何时候都能让你感受到他们的创意。"在品牌传播中，我们确实看到了这种创意。线上从MIUI开始，小米就鼓励公众（尤其是发烧友）参与开发，他们每周五发布新版本供用户使用，开发团队根据反馈的意见不断改进，此后的米聊和小米手机皆如此，这就形成了以发烧友为原点而带动的口碑营销。线下小米借鉴了车友会的模式，举办各地小米粉丝的同城聚会，把他们的消费方式变成聚会娱乐方式，营造了一种新的发烧友生活方式，这样即增加了群体的黏性，在聚会过程中提供各种手机配件和相关礼物，通过大家的互动交流，也使米粉变得很抱团。

　　当我们深刻理解了品牌本质是产品或服务在顾客头脑中的烙印，然后通过品类占位和聚焦突破来争取品类地位，形成品牌特色，最后再通过三个体系保障品牌建设，短期树立强势品牌一定不再是一件不可企及的梦想。而此时，只要拥有品牌之梦，敢于重新想象，梦想也许就会近在咫尺。

产品运营的核心动作

市场份额是企业经营者非常关注的一项指标。在市场经济条件下，有的企业将市场份额作为企业的荣誉而炫耀，还有的企业甚至亏本也要保证市场占有率的高比例数。小米公司并不关心市场占有率，雷军说，做好自己的事，其他一切都顺其自然。

一个公司最重要的是什么？是产品，是创新。如果一个公司仅仅靠着营销体系来实现市场占有率，那么，它就离死不远了。

2011年继12月18日正式向个人用户开放销售并在3小时内售罄10万部小米手机后，雷军宣布，与中国联通签订了全年过百万台的供货框架，首批合约机上市销售。小米手机成为唯一一家和iPhone一样享受三年合约补贴方式的手机厂商。此外，小米已经完成第三轮9000万美元的融资。虽然这与此前坊间所猜测的2.5亿美元相去甚远，但并不影响小米的整休估值因此上升至10亿美元。

小米手机自正式发布之后，就凭借"国内首款双核1.5G、1G大内存、1930毫安大电池、800万摄像头"等硬件配置和1999元的价格备受瞩目。小米手机对个人用户开放购买时，仅3个小时就卖出了10万部手机。虽然这一销售成绩让雷军颇为自豪，但是业内人士却指出，这很可能只是小米模仿苹果所上演的一出"饥饿营销"戏码。因为小米手机如果不在销售方面加以控制，那么，消费者必然会逐渐对小米手机失去兴趣。

对于业界人士的质疑，雷军否认自己是在玩"饥饿营销"的噱头，"没有任何一家厂商被用户骂成这个样子还不赶紧供货的，我是真的没有货。"既然小米手机"断供"并非刻意为之，那么，这是否意味着小米手机产能有限，没有供货能力？要知道，小米手机的第一批22万台订购量总共用了近两个半月的时间才完成出货。在回应小米手机的生产能力能否跟上市场需求的质疑时，雷军透露，最初销售的40万部小米手机完全由英华达代工，如今，除了英华达外，富士康也被吸收成为第二供应商。小米手机的产能不会存在问题，而且这也并非他目前最为关心的问题，"产能问题是其次，我觉得最重要还是要保证每一台手机的质量。"

有业内人士曾指出，小米的产能和销售渠道将会制约其将来在市场上所占有的份额，但雷军对此似乎并不以为意，他表示，"我对市场份额并不在意，我在意的是每个买了小米手机的用户是不是觉得小米手机好。一切以用户为中心，其他一切纷至沓来。"

雷军表示，小米手机的电商平台去掉了传统渠道的负担，使整个运作效率大幅度提升。这使得小米有机会能把手机价格控制到2000元以内，这种性价比，如果没有电商平台的支撑，是无法想象的。

雷军说，1999元的价格已经是"割喉价"，但小米显然不是依靠硬件挣钱，"作为一家互联网公司，我们更在意用户口碑，我们希望良好的用户口碑可以给我们带来后续收益。"

虽然雷军一再强调其毫不在意市场占有率，但小米3与红米手机持续火爆，仍然呈现供不应求的状态。虽然，小米手机目前仅在大中华区上市，但是，这一点儿也不影响小米市场份额的增长。据某调查机构最新数据显示，小米手机占全球市场份额3%，小米正式跻身全球10强。

雷军深知小米手机的成功是建立在"米粉"基础上的，所以，他会竭尽全力地真诚对待这些真正的核心用户，你说他虚情假意也罢，说他惺惺作态也好，关键是他实实在在地做了，而大多数人没有做到甚至没有想到。

在小米公司成立两周年时，雷军还特地从全国各地邀请了近1000名"米粉"参加在798举行的"米粉节"。在之前的发布会上，雷军还向"米粉"赠送了玩具汽车，小米还设计了自己的玩偶。而且，这个在互联网界摸爬滚打十余年的老兵还会为了感谢"米粉"去拍微电影，做这种只有年轻人才会去做的玩意儿。

即使是为了赚钱，即使并不完全是真心实意，即使只是宣传手段和表面功夫，像雷军这样肯于倾听用户声音、注重和用户互动，并真诚面对用户的人，无疑更容易获得消费者的认同。

当所有人都注意小米手机的成功，都吃惊于"米粉"的声势浩大时，那些对雷军羡慕嫉妒恨的人是否有注意过他在培育"米粉"方面所付出的努力和用心呢？罗马非一日建成，条条大路通罗马。同样的，"米粉"非一日养成，但是，赢得"米粉"的途径却只有竭诚勉力一条途径。

那么，是什么让这些粉丝有了如此高的凝聚力？

小米把"粉丝养成"作为了产品运营上的核心动作。他们都有自己的官方论坛，在这里，粉丝们得到了足够的重视和优待，而在社交媒体上，公司的创始人和粉丝也从未走得如此之近——你可以直接向雷军提出意见，然后得到他的回复、转发或是称赞。于是，在粉丝们心中，得到足够礼遇的自己，总该为科技公司和他们的人格偶像做些什么——而微博和各种手机论坛，便成了他们的战场。

在培养粉丝这个"宏大事业"里，军功章有厂商的一半，还有媒体的一半。中国的线上科技媒体不断地挑逗各厂粉丝的情绪，靠"爱与憎"来获取流量和活跃度的行为比比皆是。"拜手机教"的兴起，还催生了如开箱、评测之类的视频产业。

有多少人津津乐道地看各种手机的新闻和开箱、评测视频，自己却暂时没有更换手机的需要？甚至有多少人，在买到手机之后，还会无意识地去看这款手机的开箱视频？

承认吧，我们远不如自己所想象的那么心智坚定。我们的很多想法，都受环境和冲动影响。成为"脑残粉"，往往是从购买手机开始的。厂商刻意引导、媒体推波助澜，为自己消费行为辩护的心理冲动很容易被放大。

而在这背后，是对认同的需索。正如埃里克·霍弗在《狂热分子》里所描述的那样：不同类的狂热者看似南辕北辙，但他们事实上是一个模子出来的。你无法用理性或道德上的理由去说服一个狂热者抛弃他的大业。他害怕妥协，因此，你不可能让他相信他信奉的主义并不可靠。
但他却不难突然从一件神圣伟业转投另一件神圣伟业的怀抱。他无法
被说服，只能被煽动。对他而言，真正重要的不是他所依附的大业的本
质，而是他渴望有所依附的情感需要。

不花一分钱，做出千万级粉丝

雷军曾经在金山战略会上专门推荐金山高管看一本书《三体》。他最想推荐的是《三体》中所说的"降维攻击"，他甚至在内部强调，"《三体》的哲学道理对制定公司三到五年战略非常有帮助"。雷军甚至把"降维攻击"称为互联网公司挑战传统最致命的武器。

小米的几大"降维攻击"武器中，最被大家关注的是小米式口碑营销。在外部，黎万强曾总结过小米式口碑的好几个关键词，比如发动机、关系链、放大器、自媒体等，但最重要的则是一个关键词——参与感。

决定公司生死逻辑的不是外部的评论，不是投资人的钱，不是利益相关方的战略捆绑，而是一个公司的内部逻辑和内部基因。那么，小米内部做口碑营销的7条铁规是什么呢？

雷军讲"专注、极致、口碑、快"这七字诀，说起来简单，做起来可是字字血泪。2011年6月，小米开始找小米手机的营销负责人，雷军、黎万强见了若干人，来的人总爱说，"你去打广告""你去开实体店"……大家很失望，小米要找的并不仅是销售，而是一个真正理解小米手机互联网理念的人。两个月过去了，还没有找到合适的人，雷总说："阿黎，你上吧。"

小米刚开始做手机时压力很大，黎万强专门研究了当时两个大热的品牌。一个是凡客，媒介投放资源上很聚焦，只投放路牌广告，而且一投就打透，代言人选得也好。另一个是OPPO，媒介资源的整合非常彪悍，几乎把所有卫视与音乐、娱乐相关的节目都冠名了。

一开始，黎万强团队做了一个3000万的营销计划，想借用凡客已有的媒介资源做一个月的全国核心路牌推广，结果当面被雷军"拍死了"。他说："阿黎，你做MIUI的时候没花一分钱，做手机是不是也能这样？我们能不能试试不花一分钱去打开市场？"然后，就只能死磕社交媒体了。

不能花钱，阿黎团队拼命在论坛和微博上想办法。一开始，他们选择熟悉的论坛进行操作，论坛的最大特点是能沉淀老用户，但它在用户群扩散方面速度比较慢。当时微博刚刚兴起，阿黎认为微博是论坛的一个很好的补充。于是，他们开始研究微博的玩法。

2011年7月小米刚刚宣布要做手机，虽然小米已有50万的MIUI用户，但是，整个市场对小米几乎是一无所知的。如何让更多用户还没有见到小米手机，就先对小米的品牌有认知呢？

2011年8月，小米在微博上做了第一个活动"我是手机控"，没有花一分钱推广，当天晚上上线，一下子转发量就突破了10万次。这个活动在很短的时间就有100万用户参与，大家都争相米炫耀"我至今玩过哪些手机"，整理自己的玩机经历。小米的口碑营销一开始就是做参与感，从此杀出一条血路。

第四章
产品定位决定营销模式

XIAOMI

小米的野蛮生长称得上是传奇，它通过"发烧友手机"的定位，实现去山寨化，成为并列于一线厂商如苹果、三星的"中国版苹果"。我是谁？这是做品牌要解决的第一个问题，关乎定位。我和谁在一起？这是做品牌要解决的第二个问题，关乎传播。

不赚钱的定价策略

雷军是一个操控价格的高手。通过杀价来吸引眼球，从而推动产品销售，雷军很有一套。小米自上市以来，就以超高的性价比占领了市场，从小米手机2011年9月5日开始首批预订，到2012年1月11日第三轮开放购买，小米手机的线上销量堪称"业界奇迹"：首轮开放购买三小时售出10万部，第二轮开放购买3.5小时售出10万部，第三轮开放购买9小时售出30万部。

小米的线上销量就像"放卫星"一样刺激着所有"米粉"、媒体、传统手机制造商和运营商的神经。在几次开放购买的过程中，小米公司多次称由于用户访问量太大而造成小米手机官网瘫痪。一家史无前例的公司，在史无前例的争议和吐槽声中发烧生产。

小米公司是专注于智能产品自主研发的移动互联网公司。小米手机、MIUI、米聊是小米公司旗下三大核心业务。"为发烧而生"是小米的产品理念。小米公司首创了用互联网模式开发手机操作系统、发烧友参与开发改进的模式。

2013年4月9日米粉节，雷军首次宣布小米营收：2012年，小米销售手机719万台，实现营收126.5亿元，纳了19亿元的税。真金白银的数字引发了广泛的震撼，也让小米此前40亿美元的估值真正落在了地上，小米模式也引发了手机业广泛的跟风。也有投资人说，这三年，唯一看错的公司就是小米。

事实上，小米的逆袭让很多人感觉匪夷所思。这不是一个公司的故事，而是一个新的生存法则，一个用互联网思维改造传统企业的全新玩法。小米的野蛮生长称得上是传奇：开创了一个新的品类"互联网手机"，也为互联网改造传统产业提供了一个千亿级的产业方向；刷新了中国互联网公司的成长速度，3年时间，销售收入破百亿元；创造了一个新的品牌模式，不花钱，甚至很少投放广告，竟然快速打造了一个三线城市都熟知的品牌；通过"发烧友手机"的定位，实现去山寨化，成为并列于一线厂商如苹果、三星的"中国版苹果"。

雷军说，小米是一家"互联网公司"，而不是一家"硬件公司"。所以，谈到未来如何挣钱，雷军表示，小米走的依然是互联网模式，通过小米手机聚集众多的移动互联网用户，依靠庞大的手机用户群，通过软件和服务赚钱。

小米2的外观和IPhone有点像，小米手机的定价策略和IPhone有点像，小米手机的命名和IPhone有点像，小米的发布会和苹果的发布会有点儿像，小米的雷军演讲起来和乔布斯也有点像。

价格策略是指企业通过对顾客需求的估量和成本分析，选择一种能吸引顾客、实现市场营销的策略。价格策略的确定一定要以科学规律的研究为依据，以实践经验判断为手段，在维护生产者和消费者双方经济利益的前提下，以消费者可以接受的水平为基准，根据市场变化情况灵活变化。有种定价策略叫问价于民。比如，手机原本打算卖799元，但经过调查，大部分人认为卖899元，最终价格可能就是899元。但还有一种可能，就是为了凸显性价比，低于问询价，小米往往采取后者。所以，现在有种情况，小米本打算卖799元，但大家都觉得应该卖999元，那么小米卖899元，也就是高于预定价100元。

小米手机到底值多少钱？以小米手机2为例，小米手机产品本身成本合计是1130.68元。小米手机的关税和增值税大概200元，小米手机的3G专利费等大概50元；小米手机的良品率在99%，做工相当极致，当然还有1%的材料浪费大概50元；小米手机的售后服务和返修费用大概100元；小米手机的研发和管理费用大概300元。小米手机成本合计为1830.68元。2011年8月16日，200余家媒体以及400位粉丝齐聚北京798艺术区，共同见证小米手机的发布。

雷军先极其详细地介绍了小米手机的各种参数，展示了其优点。在勾起人们的兴趣之后，临近结束之时，他用一张极其庞大醒目的页面公布了它的价格：1999元。作为首款全球1.5G双核处理器，搭配1G内存以及板载4G存储空间，最高支持32G存储卡的扩展，超强的配置，却仅售1999元。

2012年8月17日，小米科技正式发布第二代手机"米2"，定价与一代手机上市时持平，报1999元。除此之外，小米还发布了小米1代的升级版小米1S，定价1499元。小米科技董事长兼创始人雷军表示，新机型"米2"的成本高达2350元，即目前每销售一台就会亏损351元。此前，雷军曾表示，会继续实行"成本定价"策略，即按不赚钱的计划来定价。

首先是市场调查。

1. 成本核算。元器件成本不低于1200元，加上关税、17%增值税、3G专利费，良品率达99%，另外，小米采用网上售卖的方式，直接面对最终消费者，从物流到库存上节约了巨大的成本，使得小米手机敢卖1999元。

2. 确认消费者。因为仅限于网上出售，小米针对的消费群体主要来自互联网中追求时尚、潮流、性价比等的智能手机消费者，包括大学生、白领、中低等收入人群。

3. 确认竞争对手。基本上所有中高端智能手机都可以看成是小米手机的竞争对手，如iPhone、三星、诺基亚、HTC、黑莓等。他们的高售价，主要是计入了很大一部分销售成本。相比较来看，小米手机在性价比上要优于其他中高端智能手机。

其次是如何实行定价策略。

1. 渗透定价策略。在新产品上市之初，将产品价格定得较低，以吸引消费者购买，扩大市场占有率。低价可以使产品尽快被市场所接受，并且可以借助大量销售来降低生产成本，获得长期的较为稳定的市场地位。其次，低价可以阻止某些竞争者的进入，为竞争者的进入提供了障碍，同时也增强了自身的竞争力。

小米手机第一次网上销售被一抢而空，更能说明高性价比对消费者的诱惑，这为小米手机提高市场占有率有很大的优势。

2. 心理定价策略。一是尾数定价，保留价格尾数，采用零头标价，将价格定在整数水平以下；二是招徕定价，利用消费者的"求廉"心理，以接近成本甚至低于成本的商品价格进行销售。首先，低售价销售可以扩大其市场占有率，提高自身和竞争对手的竞争实力。扩大其销售量，用大量的销售来降低其生产成本，造成薄利多销的局面。

小米手机在产品的定价过程中，通过细致的市场调研，并合理地运用了多种新产品定价策略，最终确定其销售价格，实践证明，这个价格发挥了其应有的作用。

小米手机采用官方网络直销的方式进行预订式销售，节省了因传统渠道销售产生的渠道费用，一般手机销售渠道费用占比为30%左右，网络直销方式能够让小米手机直接面对消费者，消灭中间成本。

小米手机根据消费者类型，分别在QQ空间、小米论坛、微信平台、小米官方等渠道进行小米手机的出售和小米品牌的推广，在很大程度上采用病毒式营销、口碑宣传，有效降低了广告促销费用。小米采用低价预订抢购策略，或者叫作饥饿营销，基本做到了零库存运作，能够让小米减少运营成本。小米的经营理念侧重于"顾客服务"，所以小米的主要核心在于顾客服务和产品研发，能够提供更好的客户体验。

做品牌，传播是关键

小米取名字时想了很多个名字，比如红星、千奇、安童、玄德、灵犀等。比如灵犀，想取"心有灵犀"的意头，他们最初甚至在纸上画过犀牛吉祥物的草图。差点儿定的一个名字是"红星"，它有很好的识别度，但不好注册。最后选了小米，就是因为"小米"这个名字易记易传播。我是谁？这是做品牌要解决的第一个问题，关乎定位。我和谁在一起？这是做品牌要解决的第二个问题，关乎传播。

经典定位理论是指开创并主导一个新品类，如何在潜在用户的心中与众不同。小米品牌的胜利，首先是新品类的胜利。小米做手机，开创了一个全新的品类：互联网手机。小米做电视，也是开创了一个新品类：年轻人的第一台电视。

黎万强在《参与感》中强调小米口碑营销的内部手册：以前是劈开脑海，现在是潜入大脑。劈开脑海的典型做法，试图洗脑式教育用户，长期狠砸广告；潜入脑海则是口碑推荐，让用户参与进来。

"参与感三三法则"是小米不化广告但做出一个千亿级品牌的核武器。很多公司做社会化媒体，就靠一招：病毒营销。小米内部不说病毒营销，但每次都能制造病毒级的传播，就是靠"参与感"。

三三法则是黎万强在2014年一个内部会议上即兴总结出来的。构建参与感，就是把做产品、做服务、做品牌、做销售的过程开放，让用户参与进来，建立一个可触碰、可拥有、和用户共同成长的品牌！

黎万强总结有三个战略和三个战术，小米内部称为"参与感三三法则"。三个战略：做爆品，做粉丝，做自媒体。三个战术：开放参与节点，设计互动方式，扩散口碑事件。

很多公司也做粉丝，但为什么没有像小米一样做出爆炸一样的效果？最关键的原因是没有把粉丝当作商业模式的核心。黎万强认为，把粉丝服务好，不仅是老板的一个信条，更是小米商业模式的信条。从商业模式的设定上，小米就是把硬件产品当互联网软件看。而互联网软件就是通过海量、微利的方式盈利。

雷军在多次内部会议上跟大家讲："我们把产品、服务做得用心一点儿，让用户喜欢我们。用户喜欢我们了，'打赏'我们一点儿小费，我们挣这个小费就可以了。"

自2010年成立以来，高喊着"为发烧而生"的小米，一路伴着鲜花与口水高歌猛进。无论何时，人们对于小米的关注从未减弱，甚至小米及其代表的小米模式一度被视作成功的典范，因此，"我们的时代"更像是小米的企业宣言。

小米所爆发出来的能量确实不容小觑。2014年2月，美国商业杂志《快公司》公布了2014年度全球最具创新力公司50强名单，雷军的小米仅次于Google和彭博慈善基金会，排在第三位，不仅超过了创新先锋苹果，而且在包括海尔、腾讯、果壳电子等在内的中国上榜企业中位列榜首。

销售一种很酷的生活方式

生活处处不营销，销售是一种生活方式。有人试验过，在街边，将100块人民币"销售"给路人。100元人民币的价值，当然也是100元，销售人自己知道，这是真币。但是，结果正如你所料，别说打八折，可能就算不要钱，这100元也没人要，人家总有顾虑。

这个试验背后，其实就是销售的难点所在。在整体诚信度不高的社会，大家的防御机制都很强。销售人要做的就是怀有好意，同时让别人感受到自己的好意。这需要方法，也需要训练。

真正好的销售，会用对方的语言来表达自己的主张，会设身处地地考虑对方的情境、对方的需求，甚至是把对方的老板、对方的客户都考虑在内。在这个过程中，不是把自己的观点强加于人，更不是给对方洗脑，而是让对方看到不同的画面，让对方自己做出决定。

"我们不仅仅是在销售手机，更是在引导一种新的生活方式！"在激烈的市场竞争中制胜，必须用心打造产品、优质服务客户。

小米卖的是"小米生活方式"。都说买小米手机的人是看重其价格便宜，但这说法又怎么能解释米粉买了十几万只价格不低的米兔呢？又怎么解释米粉买了几亿元的耳机外壳等周边配件呢？其实，小米卖的不是手机，卖的是一种"小米生活方式"！米粉们愿意为了装扮他们的生活而花钱，买手机、买T恤、买电源、买电视、买感觉、买归属感!

未来会如何？"未来，小米当然不仅仅只卖一部手机，那岂不是太无趣了？小米会成为一种智能互联的生活方式。"洪锋说，"比如，烈日下你要开车，为什么不提前用手机把车里的空调打开？如果要购物，也可以刷手机直接消费。这就是以手机为平台打造的智能生活。硅谷也是如此趋势。"

洪锋来自谷歌，那里有神秘的实验室，除了聚焦谷歌眼镜、机器人以及无人驾驶汽车，还有一项重要内容——"物联网"，指向未来的智能生活。未来，人们会不断通过移动互联网分发的线上数据来调整自己线下的行为。而获取这些数据的场景，则正变得越来越广阔。比如地图、电子测试仪、手表、智能鞋等等。

曾经，马化腾公开对一个监测身体健康的测试仪"赞不绝口"。他认为："这在未来会是一个最令人兴奋的机会。因为人们可以用这个仪器，不断获取数据，随时做出反应。每一个入口都将是大机会。"

对此，洪锋颇为认同。"但是，每个入口其实都可以以手机为中心。比如用手机控制机器人等。"这也是创业之初雷军的判断。

"当初谷歌也想在互联网上卖手机，但没做成。现在，小米做成了。"洪锋说。

事实上，一切都在缓缓进行。未来的生活方式可以更酷，比如，你可以在进家门前用手机先让电饭煲把饭煮好。这就是小米正在致力打造的基于手机系统的"移动互联网生态圈"。做手机又是为了什么？是为了更大的一个生态圈，未来它几乎会覆盖人们的衣食住行各方面。

小米生态圈分四大板块，即软件＋创意周边（硬件）＋内容＋生活。这几个生态圈的内容，又是层层递进、渐进实现的。

首先，小米的软件生态圈是由应用商店和游戏中心构成。2012年6月，小米应用商店正式上线运营后，已经超过了5亿次下载量，仅2013年3月一个月就达到了1亿次的应用分发量。

在应用中心的运营上，小米和苹果本质趋同，但小米采用了"推荐＋排行"的策略，不断向用户推荐优秀应用。而在应用软件的发布流程上，小米应用商店采用"提交＋自动化测试＋安全扫描＋人工审核"四步完成，这样，用户使用起来更加安全。

上述软件生态圈之外，就是由创意周边构成的硬件生态圈。首先，这些都是因为MIUI的主题商店充满了灵感。目前，小米主题商店已经达到了7亿次的下载量、日均450万的下载频率、上千套主题资源以及上万种个性搭配，让小米主题商店成为全球最大的手机主题类商店。主题的设计者可获得70％的收入分成，并搭配周边配件，做成最具黏性的品牌推广。这样一个体系，最终形成了设计、制作、发布这一完整的生态链。

有"米粉"用小米手机控制机器人，拿小米手机与小米盒子互通互联，或者用小米手机打造"电古他"，甚至用小米手机搭配使用微型投影等。小米其实有很多隐性身份。2012年，小米光米兔就卖掉了18万只。如果仅从电子商务角度来说，小米已经是中国第四大电商了。小米在网站上会卖遥控机器人等各种好玩的东西。2012年，小米仅仅配件周边销售，就达到了6亿元。

另外，小米"多看阅读"里已经有超过900万名用户，其每天图书阅读量超过200万册。用户平均每天看书超过两个小时，小米和70多家出版社、30多家杂志合作，从40万册图书里，挑选了4000册图书。用户一次购买，永久阅读，除了拥有同步阅读笔记和书籍，用同一个账号可以在多个设备上同步阅读。

最后，小米生态圈中的重要一环是未来智能生活。目前，最直观的是小米盒子带来的。在地铁上看了一半的视频，回到家中使用小米盒子，通过大屏幕高清电视，可以继续观看剩余的影片。但这只是个小小的开始。

未来，钥匙、门禁卡、公交卡、信用卡、会员卡、名片，甚至相机、PSP等大多数东西都可以被手机替代。通过小米手机集成的NFC（近场支付）功能模块，未来所有需要刷卡支付的消费均可以通过刷手机来完成。而现在小米手机早已可以代替卡片机来拍照、代替PSP玩游戏了。为了发展和普及NFC技术，小米科技提供了1亿元发展基金。

"我们可以用手机做很多好玩的事情。未来有无限可能。"雷军早就下此断言说，有一度他甚至在网上问米粉："小米电视、小米智能跑鞋或者小米饼干，你们喜欢吗？"这才是小米科技的乐趣。小米代表的是一种很酷的生活方式。

谷歌没做成的互联网销售，小米做成了

互联网其实不是技术，互联网其实是一种观念，互联网是一种方法论，你用这种方法论就能把握住互联网的精髓了。

"我们用互联网的方式做手机、卖手机、推广产品，也用互联网的方式做售后服务，可以说每一个环节都互联网化了。"别人说小米是手机企业，雷军认为小米的本质是互联网企业，所有环节都互联网化。"所有环节都互联网化"，说起来简单，小米走过来却并不轻松。

2010年1月，谷歌公司推出第一部自有品牌手机，走的是网络销售的模式，结果在全球刚卖了5万部就关门了。因此，在雷军提出小米要在互联网上销售的道路时，很多人提出了反对意见："谷歌都干不成，你凭什么就能干得成？"雷军很不服气："我们为什么不能比谷歌强一点点呢？谷歌是很厉害，那是在搜索引擎领域，不是在电子商务这个领域！创业者要有一点儿决心和勇气。"

其实雷军很清楚，做互联网销售是小米的最佳选择。小米的一大卖点是高性价比，而制约手机成本的主要有制造成本、营销成本、渠道成本，为了保证手机性能，制造成本是很难压缩的，因此，只能在营销成本和渠道成本上做文章。小米采用电子商务销售模式，把渠道成本缩减为零，大幅度减少营销成本。

雷军说："我觉得电子商务不仅仅是潮流，更是一种先进的销售模式，可以省掉所有中间利润，直接回馈用户，让用户买到更便宜实惠的东西。"这一销售模式的确立成为小米的一大优势。要知道，在传统的渠道代理模式中，零售价的30%~40%在渠道中消耗。近几年，随着毛利率逐渐下降，渠道商的利润空间被压缩，但是，很多品牌手机在到达最终消费者手中之前，仍然有25%左右的渠道成本被消耗掉。而小米把渠道成本压缩，自然会赢得用户的青睐。

手机市场错综复杂，手机等级与售价有很大的差异，许多消费者买手机时会很纠结，买便宜的，害怕质量差、不好用；买贵的，又担心品质跟不上，上当受骗。因此，从消费习惯上来看，他们更倾向于在实体店通过周详的甄选后再决定购买哪款手机，对于从看不见摸不着的网络上购买手机，他们有天然的抵触心理。而小米却成功地通过电子商务模式来行销，并且一直保持着35分钟卖10万台达2亿销售收入的记录。原因何在呢？

"大家觉得手机不适合在网上卖，是因为体验的问题，所以小米做了大量的工作，让人在没有用过的情况下，已经对我们的产品有了体验。"雷军介绍，"我们的手机在测试的时候就开始卖，我们把各个手机公司高度保密化的东西全部公开了。我们鼓励发烧友发布体验，我们鼓励各个测试机构试用。"

另外，做电子商务，对物流配送是一大考验。小米在这方面可算是占尽先机，它直接借用了凡客的物流系统，全国200多个城市24小时可以送达。"小米电子商务的重点：1. 让人了解，2. 快捷的服务，3. 质量。"雷军总结，就是靠这三点，小米把谷歌没做成的互联网销售做成了。

与传统商务形式相比，电子商务有以下几个特点：其一，市场的全球化、互联化，互联网把世界各地的人们聚集到了一起，通过社区、论坛、即时通讯、微博等，大家可以很畅通地进行信息交流和分享。在电子商务领域，企业规模大小不再是关键因素，用户对产品的反应显得格外重要。其二，交易的快捷化、虚拟化，与传统商务不同的是，电子商务运营中，电子流替代了实物流，减少了实物店铺、销售人员等方面的投入，运营成本大大降低。只不过，网上购物缺乏体验感，这对某些特定产品有一定的限制。其三，过程的透明化、标准化。网上购物时，产品信息、交易情况、客户反馈等都能一目了然，这对电子商务企业的物流、信息流、服务等提出了更高的要求。

对雷军身上光环的迷恋，造就了头一批"米粉"——一群技术和创业爱好者。这些人不仅是他的消费者，还是他的义务宣传员。正是这样一批粉丝，成为小米手机的起点。小米神话的创造者应该属于那些忠诚的"米粉"。

众包模式的逻辑

何谓互联网的力量？雷军说，就是从"米粉"中来，到"米粉"中去。这是超级泛化的"众包模式"逻辑，粉丝各尽所能去成就他们认同的对象。尽管还有不少争议，但小米的确已成为一家"现象级"公司。

随着用户半径的扩大，小米的粉丝已经发生了巨大的变化，这是小米快速成长的必经之路。用雷军的话说，就是出现了很大的泛发烧友群体，他们更为年轻，消费力相对弱一些，小米2A是为他们而设计的。小米从此将有两条细分产品线，一档面向发烧友，一档面向泛发烧人群，前者价位在2000元级，而后者减掉些高端配件，价格降到1500元以下。借此，小米将渗透更广的人群，有望进一步拓展规模，并从供应链中争取更多支持。

真正的核心硬件发烧友只是小众群体，作为种子用户，他们的能量足够强大。但品牌的半径正不断延伸，小米对品牌性格"为发烧而生"有了更包容的诠释——核心发烧友可以参与程序改良，进行各种DIY硬件改装。而更多的普通"米粉"可以提供创意甚至品牌推广，比如提交

bug、建议功能改进，或者仅仅是参与"米粉"活动、拍创意照片等。

雷军把自己的想法描述得很清晰。小米提供给"米粉"的核心是"参与感"，这是一个从诞生日起就完全基于互联网、按互联网方式进行的超级"众包"行为。让"米粉"参与到积极的造梦工程中，并获得成就感，这是小米紧紧维系"米粉"用户群体的方式。

这就不难理解为何雷军会在"米粉节"上重点宣讲MIUI，它正是小米"超级众包"中最典型的例证，用户的1.3亿个反馈意见驱动着这款ROM的开发版保持着每周更新的速度。同时，在官方适配的36款机型外，网友自行适配了140多款机型，并自发翻译成数十种语言，建立起海外站点。

正是在同样的逻辑下，"米粉"会热情地制作各种DIY工艺品赠送给小米公司，不少"米粉"向亲友推荐并帮忙代购数十部手机，小米吉祥物"米兔"玩偶一年售出了18万个。这是超级泛化的"众包模式"逻辑：粉丝各尽所能去成就他们认同的对象。

小米官方的消息显示，内置在MIUI 中的小米应用商店有2万款应用，累计下载次数超过5亿，排名国内行业前五，其中仅小米游戏中心单日下载次数便达100万次。来自移动互联网应用开发界的创业者们普遍反映，小米应用商店是用户质量和转化 率最高的渠道，在安卓阵营中排名第一，综合比较仅次于苹果App Store。

雷军提出的"硬件、软件、互联网铁人三项"中，硬件、配件之外的收入能力也已逐步显现。更重要的是，MIUI是小米产品架构中的底层平台，承载着小米商城、应用商店、主题商店、游戏中心、多看阅读、音乐、视频、米聊八大核心应用，未来有望以货币化形式将其进一步紧密串联。

HTC中国区总裁任伟光表示，如果说不研究小米营销模式，那是假的，"但小米有雷军，我只是职业经理人，要像小米这样营销，我们可能需要王雪红女士出来。但毕竟每个企业情况都不一样，所以方法也不同。"

另一位上海手机品牌公司CEO也说，小米的营销打法之前看不懂，现在看懂了，但仍然没法照搬。粉丝群体不是在产品上市后催生出来的，无论是对终端用户运营的认知，还是各种互联网资源的积累，很多手机业出生的品牌与小米相比还有很大差距。

同时，"超级众包"粉丝经济的崛起也是小米的坚实后盾。黎万强说，小米3肯定会追求高性能。但相比之前，节奏会更为从容。两年前的小米必须依靠全球首发最高端硬件来为自己的能力和品牌做背书，而现在小米更在意保持整体发货体验。

在2014年4月8日的"米粉节"促销上，小米新总部食堂的电视显示当天小米手机的出货量突破了100万台，CEO雷军、总裁林斌和副总裁黎万强等高管相互庆祝，台下上千名小米员工欢呼雀跃。

2012年小米手机宣布出货量达到100万台，遭受了诸多业内人士的质疑，而2013年，小米3月份单月出货量就已经达到了580万台，100万只是不到一周的量。

在"米粉节"上，雷军演讲完后，林斌手指电视屏幕，当天小米手机的出货量已经达到了99.6万台，话音刚落，屏幕上的数字已经变成了

100.6万台。8号上午10点，"米粉节"促销开场，15分钟内50万台小米手机售罄，20分钟后订单支付金额过亿。

在小米的北京仓库，仓储人员在紧锣密鼓地分拣发货。仓库管理人员介绍，北京仓库平时每天出货量可以达到四五万台左右，每天满负荷运转可以处理的订单在10万单左右，"米粉节"促销连手机带配件、电视预计订单量会超过200万单，所以安排了24小时双班制发货。

按此计算，小米全国10个仓库满负荷运转，两天就可以出货200万台，按照每个仓库每日出货3万单计算，全国每天出货30万台，一个月的出货量上限就可以接近1000万台（小米仓库7天不间断出货，员工按照倒休休假）。

雷军称，现在小米的物流速度已经有了很大提升，40%的订单可以在48小时内收到货。

"还是有很多人骂小米，但是我们真的在疯狂扩产。"雷军说，"2013年我说一亿台，大家都说我吹牛，大家看着，2014年的账单出来以后，2015年保证再翻一番。"与此同时，在微博上，抢不到小米的用户的抱怨声仍然不绝于耳。

第五章

好产品自己会说话

XIAOMI

松下幸之助有句名言："对产品来说，不是100分就是0分。"任何质量问题都会影响用户的满意度，进而影响企业的声誉。任何产品只要出现了一丝一毫的质量问题，都意味着失败。

雷军的第一定位不是CEO，而是产品经理

在硅谷，很多公司都有才华横溢的工程师，他们提供各种新奇的想法，但很少能有公司开发出消费者真正需要的产品。因为这些公司缺少将所有一切集合在一起的"地心引力"，所以，了不起的技术片段只能漂浮在宇宙中，而无法形成伟大的作品。

一位杰出的领导者，首先就是产品挑选人。产品挑选人最重要的工作就是孜孜不倦地吸收各种想法，并从中挑选出最核心的内容，将其组合成一个个神奇的产品，把竞争对手们抛在身后。

雷军说："我99.9%的精力都是在做产品。"此言不虚，雷军是一个对产品要求极其严格甚至可以说是苛刻的人。

在小米，雷军的第一定位不是CEO，而是首席产品经理。他总是站在小米团队的前沿紧盯产品。如果确定一个需求点是用户痛点，就死磕下去，创新调整，追求至臻至美，直到满足用户需求。就拿一键截屏来说，论坛里总是有用户问一键截屏到底该怎么用，于是，雷军就和产品经理讨论有没有最简单的截屏办法。他和产品经理一起画出产品设计原型，设计出了MIUI通知栏下拉菜单的开关上加上一键截屏的功能。雷军

还发现，人们在使用手机录音时，有时候手机突然来了电话，录音就会被中断，录音时间太长也容易中断等，在MIUI5中，雷军根据自己的经验和与用户的交流，亲自做了MIUI V5的录音机产品。

当企业提供的产品、服务超出了用户的期望，用户就会变成公司产品和品牌最好的传播者。雷军发现用户需要漂亮的壁纸，一有时间，他就和设计部门的设计师讨论、挑选壁纸。他自己就看过近万张壁纸，还发动公司的所有同事去推荐漂亮的壁纸。最后，雷军决定出资100万元征集手机壁纸。

雷军不仅自己做产品经理，还鼓励公司内部的员工都要按产品经理的思维去工作。为了让工程师拥有产品经理思维，小米没有像很多公司那样禁止开发人员上网聊天，而是从一开始就鼓励甚至要求所有的工程师都要在论坛、微博和QQ上和用户直接联系。一项新开发的手机功能发布后，工程师马上就能看到用户反馈。小米甚至要求工程师必须参加和粉丝的线下聚会活动，因为小米深知和粉丝面对面互动是获得用户需求和反馈的最佳机会。

创业初期，雷军有个硬性规定，要求所有团队里都必须有三分之一成员是设计师。产品界面、图标、字体，包括米兔、卡通插画等等，都需要设计师去思考。比如小米手机刚开始要做产品画报，因为是第一次做手机，无知者无畏，所以，他们刚开始用相机拍摄产品，结果出来的效果很不好。后来他们才知道，一般手机产品的画报都是手工画出来的，所以，最后他们就请了两个画手来画画报。

小米在产品投入方面可以说是不惜血本。比如小米盒子，无论是屏幕设计还是包装盒、遥控器，它的UI界面设计可以说是美轮美奂。为了挑选小米手机的开机画面壁纸，雷军看了一百多万张照片。现在各家手机公司都在用百万位数量级的照片解决一张壁纸的问题，这是因为智能手机的同质化越来越严重，要如何做到与众不同呢？必须对任何一个细节都做到精益求精，才能获得用户。

正是因为雷军的"苛刻要求"，才使得小米产品总是能俘获大量粉丝。雷军崇尚的是美，崇尚的是使用的人性化，他把工业品做成了实用的艺术品，将美和实用性实现了完美的统一。

除了让"米粉"参与手机和软件的研发，小米还借鉴了车友会的模式，把消费方式变成聚会娱乐方式，这也使"米粉"变得很抱团。这就是为什么小米被骂的时候，小米手机销量不但没降反而增加的原因。小米开创初期，小米手机不被人们认可，"米粉"有压力，但这种压力使得他们更加抱团来捍卫小米这个品牌。

杰弗里·摩尔在《跨越裂谷》（Grossing the Chasm）这本书中把科技产品的用户分成五种：吃螃蟹者（Innovator，即喜欢使用新技术者）、早期接受者（Early、adopter，即对新技术感兴趣并懂技术者）、早期主流用户（Early majority，即懂技术但更注重实用的用户）、晚期主流用户和落伍者。杰弗里·摩尔明确提出，在早期接受者和早期主流用户之间存在一个裂缝，被称之为技术接受生命周期的裂谷。如果无法跨越裂谷，业务或产品将失去市场机会而失败。一旦跨越裂谷，市场的发展就会像龙卷风一样快速地蔓延，从而形成主流。

从小米的发展历程我们可以发现，小米从一开始就依托论坛拉拢了那些"早期接受者",跨越了早期接受者和早期主流用户之间的裂谷。小米论坛里衍生出一个神秘的组织——荣誉开发组,简称"荣组儿",这是最高级别的粉丝,他们相当于"早期接受者"。"荣组儿"可以提前试用未公布的开发版,然后对新系统进行评价,他们甚至有权力跟整个社区说:"荣组儿"觉得这是一个烂版,大家不要升级。每周五,小米都会为国内外MIUI用户发布更新,几个小时内,小米论坛上的"米粉"就会反馈,这些"米粉"中不仅包括懂技术的"早期接受者",也包括对技术感兴趣并重视实用性的"早期主流用户"。

实际上,上百万的粉丝免费给小米做产品经理、做用户体验测评员,这股力量十分强悍,这就是克莱·舍基在《认知盈余》里所说的"领先用户创新",即产品的创新不是由产品的设计者,而是由该产品最活跃的使用者来推动的。

关键在于解决问题，而不是打口水仗

有品质才能有市场，有改善才能有进步。在高速发展、竞争激烈的社会环境中，一个企业要想求生存、谋发展，首先就要打造一流的产品，用一流的产品去赢得用户的青睐和信赖，从而创造一流的品牌。只有这样，企业才能够实现它的最大价值。任何品牌要想获得大家的青睐，最根本的还得要看企业产品的质量，良好的、过硬的、稳定的质量才是产品立足的基石。

雷军说："我每天都在论坛和微博，时时刻刻聆听'米粉'的声音，我会始终关注小米手机的质量。质量主要由四个方面决定：设计质量、供应商质量、生产质量和出厂质量检验，我一直在关注！"

2012年9月，小米公司首度针对普通用户举办了"开放日"活动，三十多名小米用户和微博草根参观了南京代工厂英华达、上海仓储物流中心、杭州小米之家等，在这个活动中，小米用户清楚地了解小米诞生的全程，他们对小米有了更加直观的认识。短短半年时间，这个活动举办了十多次，雷军想通过这种形式让大家深入了解小米，了解小米人做事的态度和把事情做好的决心！他打开手机"黑匣子"，明明白白告诉大家小米是一个对产品质量负责的企业。

其实，自小米手机面世以来，它面临的第一个坎儿就是产品质量问题。2011年8月16日，小米手机正式发布，而正式量产需要等到10月份。为了让用户最快地拿到手机，雷军将小米开发过程中用以测试的工程机以1699元的价格推向市场。雷军的想法是好的，一方面可以满足"米粉"的殷殷期盼，另一方面，让用户提前试用，可以及时了解小米在设计中存在的一些问题。不料，问题真的出现了！

一位"米粉"在小米论坛发帖爆料小米手机有掉漆问题。很快，掉漆问题被媒体不断扩大，后盖缝隙、耳机插孔有问题，米键反应过分灵敏等问题不断地被人们提出来。"在宣传中与苹果相媲美的小米手机是山寨机"，这一结论在网络上广为传播。面临着严峻的舆论形势，雷军有些坐不住了。不过，他没有对媒体做过多的解释，而是全身心地投入到了小米手机的质量改进中。在他看来，现在还不是打口水仗的时候，产品的质量是小米手机的命根子，用户有任何问题，自己都要第一时间解决。

针对喷漆问题，小米与供应商积极协商，更换了喷漆工艺，有效地解决了这个问题。对于后盖扣不紧的问题，雷军则有点纠结。小米的设计师在设计小米后盖时，为了方便用户盖上和取下，舍弃了传统的方形扣，做了一个创新设计：将机身和后盖之间的四个扣子设计成斜面扣。但问题出在这样的设计对模具的精度要求非常高，而代加工厂商始终无法达到雷军对于精度的要求。最后，为了保证质量，有完美情结的雷军只得放弃创新的更显人性化的设计。

"后盖的磨具已经全部重做，使用了新的喷漆工艺，保证量产机质量没有问题。"问题解决后，雷军及时在微博上将消息告知广大粉丝。小米手机官方也发布公告："针对少数小米手机工程版出现的屏幕翘角、缝隙不严、掉漆等问题，量产版已更换新模具，并采用新喷漆工艺解决；屏幕点阵现象属正常工艺，非硬件质量问题；用户的反馈意见是工程机的意义所在；小米公司再次重申，工程机用户均可无条件更换量产版。小米希望广大用户监督，并欢迎媒体的公正客观报道！"

随后，雷军两次当着媒体的面拿自己的小米手机做实验：将其从1.4米的高度摔下，小米手机都安然无恙。雷军想通过这种方式证明小米的质量，也表现自己重视质量的决心。

其实，很多人不知道，雷军为了保证手机质量曾下了不少工夫。

首先，小米手机有一流的设计团队。以周光平博士为首的设计团队，大多有着在世界知名手机厂商工作多年的经验，他们会在源头上控制质量。

其次，小米手机的供应商、加工厂、代工厂全部照搬苹果，这些厂商的质量控制能力都十分突出。

最后，小米手机出厂之前，要经过严格的性能测试。周光平介绍，小米手机一般经历五轮实验：摔下来后做高低温测试，高温75度，低温到零下35度，再做震动测试。这样的实验连续进行五天。此外，小米手机还将经历水冲实验；粉尘实验，即将小米手机拿到洗衣机里转，看手机是否会进粉尘；"屁股实验"，把手机放到人的屁股下面坐，看手机是否会被压坏。经过几轮测试合格后，手机才投入市场。

松下幸之助有句名言："对产品来说，不是100分就是0分。"任何质量问题都会影响用户的满意度，进而影响企业的声誉。任何产品只要出现了一丝一毫的质量问题，都意味着失败。那么，企业应该如何保证质量呢？

美国质量管理专家菲利普·克劳斯比提出了关于质量管理的四条定理：质量就是合乎需求；质量是来自于预防，而不是检验；工作的唯一标准就是"零缺点"；应以"产品不符合标准的代价"衡量质量。也就是说，为了保证零缺陷，要不惜花费成本。

求品质，更要注重细节，从小事做起，要像呵护生命一样呵护产品质量。抓好质量这条生命线，在生产过程中做到层层把关、点点控制，使企业更加壮大；把握质量就是给企业添砖加瓦，就是把握自己，把握未来。质量就是企业的生命，一个企业没有了质量，没有了诚信，就没有了市场，就失去了生存的能力。

明星级产品是强心针

　　"明星产品"寓意企业的某个产品具备与众不同的优势，通过强势的号召力和影响力，使消费者对其产生最强记忆和忠诚拥护，进而成为品牌的第一代名词，最终带动整个品牌的发展。明星级产品能够凸显一个企业的创造力，能够维持长久的产品生命力。明星级产品是企业的希望，是企业持续发展的动力，是带动企业发展的引擎。往昔，技术是让一家公司在竞争中脱颖而出的关键；如今，要抢占先机就必须把握消费者需求。不管你制定的战略多么与众不同，多么意义非凡，如果没有明星级产品的支持，那也难以成功。

　　雷军正在创造一系列明星产品。2013年3月，雷军掏出了小米盒子；7月底，他抛出了子品牌红米；9月5日，发布旗舰型小米手机3和小米电视；11月20日，小米路由器亮相。雷军所到之处，引起"米粉"的一路尖叫。"米粉"对雷军的崇拜，不亚于"果粉"对乔布斯的疯狂。雷军一直声称他18岁时读过的《硅谷之火》是他创业理想的源泉，那本书讲述了乔布斯和斯蒂夫·沃兹尼亚克等一群人创造苹果电脑改变世界的故事。但是，雷军并不喜欢"雷布斯""中国的乔布斯"之类的称号。在被问到为何请来自己的偶像——苹果公司联合创始人沃兹尼亚克时，雷军说："只是想要激励小米的工程师做出像艺术品一样的产品。"

专注、极致是雷军最擅长的事情。"找到一个台风口，做一头会借力的猪。"这是雷军对小米成功秘诀的概括，"现在智能化就是小米的台风口。"这也是为什么雷军把所有的精力都放在了智能手机、智能电视和智能路由器上的原因。从某种意义上说，雷军的野心不在于小米，而在于颠覆一个行业。对于雷军而言，小米不是一桩生意，而是一个梦想。小米追求的梦想是什么？雷军说是"一个阶层的生活"。

小米创立三年，雷军离自己的梦想越来越近。首先是估值，2013年8月23日，雷军通过微博对小米的估值为100亿美元；其次是产品线，小米硬件产品包括小米手机、小米电视、小米耳机等，形成了相互支撑的小米家族；再次是营收，2013年小米营收超过300亿元。

就成长速度而言，小米创立三年，已经在整个中国互联网行业处于"小三巨头"的位置。大三巨头包括阿里巴巴、腾讯、百度，市值（估值）超过500亿美元，俗称TAB；小三巨头包括小米、360、网易，市值（估值）超过100亿美元。2018年7月9日，小米在香港敲钟上市。仅8年时间，小米就从一家仅有13人的小公司，发展成为估值543亿美元的上市企业。能够成长得如此迅速，与小米在技术上的投入是分不开的。

小米快速成长的原因是什么？雷军曾解释，一是顺势而为，只要站在风口，猪也能飞；二是铁人三项（软件+硬件+互联网）；三是用互联网思维做手机。

何谓"用互联网思维做手机"？雷军的解释至少包含三层意思，一是渠道的互联网化；二是营销的互联网化，通过微博、微信等社会化媒体，基本不通过传统媒体进行营销；三是供应链互联网化。

继小米手机、小米盒子之后，小米推出智能电视，小米家族再添新成员。与雷军制定的"一个阶层的生活"尚有不小的距离，小米扩张的步伐还将继续。最吸引眼球的是小米电视2999元的定价。家电行业人士表示，小米电视整机成本应该在3500元左右，小米亏本在卖电视。

靠高性能、低价与良好的服务先抓住用户，靠扩大销售规模摊薄成本盈利，似乎已成为小米的制胜之道。此前小米手机在销售30万部后开始赚钱，而电视盈利却很难估算，雷军此次也坦言："电视量如果不够大，小米可能会赔得一塌糊涂。"

对于小米来说，配置不是小米占领客厅的全部秘钥，小米电视的秘钥是全互联网应用与服务。小米操作系统MIUI TV内置小米商城、应用中心、游戏中心等，同时包含了与CNTV合作的视频内容。小米电视的应用已经不止视频服务，而是包括了电子商务（小米商城）、游戏（游戏中心）与各种互联网应用与服务（应用中心）。苹果手机为什么可以撬开移动互联网？核心就是全互联网服务，即在手机上可以体验所有的互联网应用与服务。

小米操作系统MIUI TV内置米聊，这样，电视就拥有了即时通讯功能，除了现在的功能外，还支持视频即时通讯功能。小米内部有这样的一个认识，在PC互联网时代，即时通讯以图文为交流手段；移动互联网时代，以语音为交流手段；家庭互联网时代，以视频为交流手段。

视频通讯颠覆的目标是谁？是PC端的QQ与移动端的微信。无论PC

互联网，还是移动互联网，即时通讯领域的霸主是腾讯。在移动互联网时代，如果不是微信后来居上，米聊曾经有机会颠覆腾讯QQ。家庭互联网时代的到来，让雷军再一次看到打破腾讯在即时通讯领域垄断地位的机会。

小米不断创新开发着自己的明星级产品。2012年11月，小米公司正式发布电视机顶盒——小米盒子。与小米手机、小米电视一样，吸引用户眼球的是价格，公开售价399元，工程机预约价299元，而苹果Apple TV售价99美元，乐视网推出的乐视盒子售价则超过2000元。小米当天还宣布推出了一项独创技术，即"米联"。通过米联，用户可以将小米手机、iPhone、iPad、ITouch中的照片、视频推送至小米盒子，各种移动终端与电视屏幕完全实现互动。"米联"是一种"兼容的互联标准"方案。米联同时兼容苹果Air Play、DLNA（包括微软、英特尔、索尼、联想等跨国巨头在内一起推出的技术标准）以及Google在Android4.2上推出的Miracast标准。这一技术有两个结果，一是各种标准的数字内容都能通过小米设备进行传输与播放，二是小米设备可以与各种设备，包括Windows、iOS、Android设备进行互联。这将意味着小米实现了内容与服务共享，不同设备之间互联，成为家庭互联网入口，配合小米在移动互联网入口方面的布局，小米的入口布局初见轮廓。

PC互联网、移动互联网、家电互联网三张网络，PC互联网络格局已定，大佬之战已经成为过去式；最有前途的是移动互联网、家庭互联网，抓住这两块，就抓住了未来，就抓住了用户的眼球。

"安卓是大家共同的家园"，雷军曾呼吁。安卓的开放性导致了开发者的贪婪。主要包括三个方面，一是"隐私越轨"行为，比如获取智能手机用户的短信记录、通话记录、通讯录；二是恶意扣费；三是长驻内存，过度消耗电量、流量、运算能力、内存等资源，过度消耗流量需要用户埋单，过度消耗运算能力、内存会造成死机。

安卓生态圈变成现在这样，有很多原因。初期，谷歌为了追赶苹果，对应用不加审核，造成应用良莠不齐；手机厂商也一样，即使推出应用商店，首要任务是丰富应用数量，在与其他运营平台的竞争中脱颖而出，甚至期望与应用厂商之间进行分成，再造硬件销售的商业模式。

另外一个原因则是运营平台（软件商店）对不良应用没有过滤功能。安卓平台上应用商店竞争的激烈程度不亚于安卓手机厂商，除了想方设法丰富应用之外，更希望赚钱，而最快的赚钱方式是与应用商进行广告分成或游戏分成。

安卓的开放体系没有能力控制应用。监管缺失的体系，注定成为一个鼓励贪婪的体系，当每一个提供商都利用安卓的开放性大赚特赚，克制的提供商追求用户体验则会受到惩罚。贪婪是贪婪者的通行证，那意味着赚更多钱，在移动互联网创业潮中获得生存的机会；克制是克制者的墓志铭，那意味着眼睁睁看同行与对手赚钱。

小米的做法是专门测试上架的应用，小米公司有一个团队专门负责此项工作。目前，审核应用的团队人数达数十人。除人工审核外，还通过技术测试工具审核应用。因为严格的审核，小米应用商店、游戏中心的应用数量无法与其他平台相比。只有经过检测、体验后的应用，才能在小米应用商店、小米游戏中心上架。

　　小米还引导不同应用统一信令通道，比如微博、微信等不同的MIUI系统下，都可以走小米设定的信令通道。安卓给每个应用都有信令通道，单独与终端进行沟通，既耗电也耗流量，小米官方信令通道则解决了这一问题。

　　通过两级审核体制（商店+操作系统），把最好的应用提供给消费者，获得消费者认同之后，MIUI、小米应用商店，甚至小米手机形成口碑，成为移动应用的消费者入口。成为消费者入口后，应用自然趋之若鹜，生态链建设于是完成。

　　雷军的实验寄托了大梦想，即生态链梦想。小米经历了三个层级的跃升，最初的产品阶段——MIUI、米聊、小米手机，然后是商业模式阶段，即电子商务（xiaomi.com），现在进入第三个阶段，即生态链阶段。

果断停止没有前景的产品

在创业时，要果断放弃那些没有前景的产品，而不要一味地为无效的事情浪费了光阴。如果一味地纠缠在那些毫无结果的东西上，势必走入死胡同，到头来一事无成。如果四面出击，把自己的时间和精力分散到各个方面，势必导致每一件事都无法做好，大好时光就在忙忙碌碌中消耗尽了。勇于放弃，才能轻装上阵。有舍才有得，只有果断放弃，才能去追求自己真正需要的东西。放弃是一种智慧的美丽。懂得放弃，才更懂得拥有，懂得珍惜。诗人泰戈尔说过："当鸟翼系上了黄金时，就飞不远了。"学会放弃，才能卸下人生的种种包袱，轻装上阵，安然地等待事业的转机。

传统科技企业每年制造若干产品，但是每个产品都没有自己的亮点。小米学习苹果，砍掉那些没必要的重复的产品，每年只做一款产品，将每一款产品都做到极致。这种"聚焦精品"的策略，实际上也是一种单品带来的聚光灯效应，小米将这点发挥到最大化。不少成功的手机公司拥有上千款产品，而小米公司的想法是更为专注地做少量能够创造最大价值的产品，而不是推出成百上千的产品。同时，由于只专注一个核心产品，因此制造稀缺性，也让产品的营销本身带有很强的神秘色彩。让消费者尖叫的产品一定是精品，距离让产品更有价值。

雷军深深懂得如何制造稀缺效应。消费者越是个性化细分的时候，越需要聚焦。传统制造业尽管有细分，但是这种细分都是粗放的，试图用多产品满足所有的消费者，实际上却无法实现与消费者的对应。砍掉那些没必要的重复的产品，聚焦精品，才能赢得粉丝。

一个人的精力是有限的，只有当你专注于做最重要的事，你才能更有效地使用你的精力。彻底完成一件事后，再开始做下一件事，才能提高效率。

当面对"成功的第一要素是什么？"的问题时，爱迪生说："能够将你身体与心智的能量锲而不舍地运用在同一个问题上而不会厌倦的能力……你整天都在做事，不是吗？每个人都是。假如你早上7点起床，晚上11点睡觉，你做事就做了整整16个小时。对大多数人而言，他们肯定是一直在做一些事，唯一的问题是他们做很多很多事，而我只做一件。"

订书针是工作中常用到的办公用具，上百张纸摞在一起，连锋利的刀也不容易一次性穿过，为什么那看起来一点儿也不坚硬的订书针，居然能够一下子穿透？真正的原因，是由于它能把所有的力量都集中在两个点上，垂直用力。有很多看起来很聪明的人，同时做很多事情，看起来好像他们能力很强。可是往往到最后，这些人并不能真正做成什么事。反而，这世上有许多人看起来很弱，也没什么了不得的才能，却能成就伟大的事业。这是因为他们能像订书针一样，认清目标，集中全力，不彷徨，不迟疑，奋斗到底。

小米是一个非常专注的企业，他们果断淘汰那些没有前途的产品，专注在自己的核心业务上，把现有的业务做好。极致就是做到自己能力的极限，专注做一件事情，并坚持下去，就一定会成功。在这个信息量巨大的社会，怎么样把东西做得很精致、很有价值，才是问题的关键。

如今，很多人都在谈苹果、都在谈乔布斯，其实，出一款普通的手机，对一家手机公司来说是再容易不过的事情了。深圳的三个厂一天就能出100款，出一款手机难在什么地方呢？出一款手机需要公司有强大的自信，坚信自己做的这款手机就是天下最好的手机。如果不自信就做一百款，如果自信就干一款。雷军非常认同"大道至简"，越简单的东西越难做。于是，他们只做了一款手机，这款手机的名字就叫"小米手机"。

2013年，苹果市值超过6000亿美元，来自iPhone的营业收入为226.90亿美元（58%），来自iPad的营业收入为65.90亿美元（17%），iPhone和iPad整整占据了苹果75%的营业收入！iPhone整整获得全球智能手机市场73%的利润，这意味着，其他智能手机厂商、三星、摩托罗拉、HTC等等全部加起来，利润也才只有iPhone的三分之一。

苹果的故事对雷军的启发很大。1997年，苹果在濒临破产的时候请回了乔布斯。一回到苹果，乔布斯就传达了一个理念：决定不做什么跟决定做什么一样重要。乔布斯和几十个产品团队开会，产品评估结果显示，苹果的产品线十分不集中。无数的产品在乔布斯眼里大部分是垃圾。光是麦金塔就有N个版本，每个版本还有一堆让人困惑的编号，从

1400到9600都有。

"我应该让我的朋友们买哪些？"乔布斯问了个简单的问题，却得不到简单的答案。他开始大刀阔斧地砍掉不同型号的产品，很快就砍掉了70%。

几周过后，乔布斯还是无法忍受那些产品。乔布斯在一次产品战略会上发飙了。他在白板上画了一个方形四格图，在两列顶端写上"消费级""专业级"，在两行标题写上"台式"和"便携"，"我们的工作就是做四个伟大的产品，每格一个"。说服董事会后，苹果高度集中研发了Power Macintosh G3、Powerbook G3、iMac、iBook四款产品。

当时苹果离破产也就不到90天。乔布斯只用了一招撒手锏——"专注"，就让苹果从1997年亏损10.4亿美金，变成1998年赢利3.09亿美金，起死回生。

乔布斯那时候还高调砍掉了"牛顿"项目，"牛顿"是当时很出名的一款手写设备。乔布斯说："上帝给了我们十支手写笔，我们不要再多发明一个了。"

后来的故事，大家应该都不会陌生。停掉"牛顿"后，苹果解放了一批优秀工程师去开发新的移动设备，最终做出了iPhone和iPad。

这也是雷军一直跟大家讲的，大家能不能少做点事？能不能只做一件事情？少就是多，专注才有力量，只有专注，才能把东西做到极致。

专注是乔布斯成功的关键。和其他科技品牌大厂如索尼、三星比起来，苹果电脑的产品种类并不算多，这是乔布斯专注的结果。从20世纪90年代末期到21世纪初，苹果电脑最多只有六条产品线，即使到后来，苹果也只增加了iPhone、Apple TV和一些iPod配件商品。反观索尼，光随身听产品，索尼就有600多种规格。

乔布斯绝不向工程师脑中塞所有的功能。科技预测家和硅谷顾问保罗·沙佛说："苹果的品质定义曾是约束的设计。"约束是乔布斯的个人品位。正如乔布斯所说："我独自一人，所需要的不过是一杯茶、一盏灯和一台音响。你知道，这就是我的全部。"

苹果前CEO斯卡利评价道："乔布斯与众不同的是，他始终认为最重要的不是决定该做什么，而是不该做什么，他是一个极简约的抽象派艺术家。记得当我去乔布斯家时，他的家里只有一个蒂凡尼的台灯、一把椅子、一张床和一张爱因斯坦的图片，他非常欣赏爱因斯坦。他不喜欢周围有太多的东西，但对他所选择的东西却异常仔细。"

运动品牌耐克（Nike）首席执行官马克·帕克（Mark Parker）在刚上任的时候曾经向乔布斯寻求品牌发展方面的建议，乔布斯给出的建议是专注。乔布斯表示，耐克拥有目前全球最好的一部分产品，这些产品能够让不少用户为之疯狂。但是，耐克同时也推出了一些比较令人失望的产品，这些产品本身缺乏品牌价值，而耐克需要做的事情就是将这些缺乏品牌价值、不能为耐克创造利润的产品扔进垃圾桶里。与此同时，耐克需要将更多的精力放在可以为耐克创造大量利润的产品上。

只保留最重要、最有盈利前景的核心项目，而边缘的、亏损的领域或者非核心的领域则一律放弃。对于企业，只追求企业的质量而非数量，不要虚无的框架，只要实实在在的利润，这种"舍弃经营"的模式值得借鉴。

一个懂得集中精力专注做好一件事的人往往不会像一般人那样浪费时间。因为他要以有限的生命完成一流的事业，他就必须要有所选择、有所坚持、有所放弃。成功的人在很大程度上都是"偏执狂"，他们如果看准了一件事，就会一直坚持干下去，不会轻易放弃，也不会轻易改变方向，直到有所收获。

雷军的观点是，专注做好30%的事情。他几乎把所有的时间都用来做两件事情：第一件事情是产品。所有产品，只有他看过才能上架，任何细节雷军都会关心，字号放大一点、缩小一点，他都会关心。还有一件事就是在论坛和微博上逛，在各种工具上看用户的反馈。

雷军说，一个人围着一件事转，最后全世界可能都会围着他转；一个人围着全世界转，最后全世界可能都会抛弃他。这"一件事"的选择是至关重要的。当你选择好属于自己的"一件事"时，就应该全身心地投入到你要做的事上去。

产品有实力，营销要透明

你的天赋永远不会超越你的品位。对于那些天生就没有品位的人来说，最大的挑战，就是要去提升自己的品位，因为只有高品位的人才能设计出高品位的产品。

苹果公司的乔布斯应该可以算是20世纪最有设计品位的人之一了。他曾经说道：创造力其实就是一种把事情连接起来的能力。当你问一个极具创造力的人他们是如何做事的，也许他们会感到有一些罪过，因为他们并没有实际去做一些事情，他们只是提前预见到了一些事情。过一段时间以后，对他们而言，某件事情似乎是一件显而易见的事实。这是因为他们能将自己的经验连接起来，并且综合成全新的东西。他们之所以能够做到这一点，原因就是因为他们的经验更加丰富，而且和其他人相比，他们对自己经历的思考也更多。

雷军一直是把产品当成艺术品来做的。小米手机除了其极高的性价比以外，它时尚的外形才是吸引"米粉"的最核心魅力。小米就像一件艺术品，可以与苹果媲美。小米走的是简洁时尚的路线，整体设计相当出色，大气流畅、朴素质感的设计令人喜爱有加。

互联网公司的游戏规则是"得产品经理得天下"，雷军把这种产品经理方法引入到手机领域，产生了摧枯拉朽的力量。事实上，小米刚开始做手机时，HTC的G3给了雷军很大的启发。但是，雷军用产品经理思维去看，G3还是太"工程师思维"，做东西不够细，这种产品经理思维也是小米早期最大的底气之一。

在内部，雷军的产品方法论就一句话——要把用户当朋友，不要当上帝。对用户而言，他们的尖叫点更多来自视觉化元素，比如个性主题、百变锁屏和自由桌面。MIUI的下一个尖叫点瞄向了NFC（简称近距离无线通信技术），小米发现的一个痛点是用户随身带太多的卡，能否通过手机把钱包里的这些卡整合？

MIUI负责人洪锋认为，"尖叫很重要，但是一年让你尖叫一两次就够了，长久以来让你会心微笑更主要。说得俗一些，因为MIUI产品是和手机一起使用，没有自己独特的生存压力，我经常跟产品经理打个比喻，就是你做的是一个正宫产品，你的心态更平和一些，就是让用户用得舒服。你的心态就是博妃子一笑的心态，而不是去炫耀。"

在雷军的眼里，产品要么完美无缺，要么就是垃圾。不管遭受多少挫折，雷军追求完美的个性从未改变。在雷军的眼里，小米的每一款产品都应当是完美无缺的艺术品。小米推出的每款产品几乎都是一再打磨的精品。每当一件新产品出炉后，挑剔的雷军总会提出诸多意见："还可以再完美一点儿！"在产品想象上，雷军有着无可挑剔的品位。

雷军做事一丝不苟，关注细节，追求完美。雷军公开表示称，小米手机要向同仁堂学习，因为作为百年老药铺，同仁堂的古训为"炮制虽繁必不敢省人工，品味虽贵必不敢减物力"。雷军称，只要是好的硬件材料或技术，就应该不惜财力、物力用到小米手机之上。

一直以来，人们都认为雷军是乔布斯的忠实追随者，因为从产品和企业的定位到营销的策略，雷军一直以苹果作为参照的对象。雷军也因此被外界冠以"雷布斯"的雅号。的确，雷军看过很多关于乔布斯的书，也知道乔布斯的很多轶闻。他开始模仿着苹果的"软件—硬件—互联网服务""三足鼎"经营模式，模仿着乔布斯的风格开产品发布会，模仿着乔布斯最擅长的"饥饿营销"开卖小米手机。

对功能和体验细节的打磨追求是雷军对待产品的一个特性，特别是针对能够提升系统"高效、易用、方便"的细节功能，他更是一点儿也不放松，总是追求做到最好，这也是他能赢得用户追捧的原因之一。例如对通话、短信、拍照功能的打磨，雷军认为短信应该有发送后反悔的选项，电话应该有随时录音备忘的功能。

MIUI V5系统的小米手机最大的特点就是重新设计了多个动态图标：比如天气图标，不用点击进入，图标可以直接显示天气情况。另外，在通话体验和短信功能、相机功能等方面，MIUI V5还新增了30秒未接听铃声自动放大、标记陌生电话、屏蔽响一声电话、云服务短信、声控拍照等多个实用功能。在待机时长方面，V5系统优化后待机时长延长了两倍。它被一致评为迄今为止体验最好的中文安卓操作系统，堪称安卓阵营最强音。小米手机2A全部标配NFC。强大的NFC功能，不仅能在食堂刷饭卡，还支持交换名片、传输各类信息、刷门卡、打电话等。

雷军所展现出的对手机功能不断创新的激情，无疑会推动国内手机产品至少在使用体验上的不断创新，对行业是一件幸事；最终的结果就是让那些不思变或者反应过慢的传统厂商，在市场大潮中掉队。

雷军认为小米手机成功的一大关键就在于告诉了消费者其产品的每一项硬件代工细节及具体参数。他说，此前很多消费者在购买手机时根本不关心手机的具体配置，稍微精明一点儿的消费者还能知道查一下手机CPU的主频是多少。而小米则主动把所有参数细节都告诉消费者，小米告诉消费者他们首款采用高通8260双核1.5GHzCPU的手机，并拥有1GB的RAM，采用了夏普的屏幕，并由英华达进行代工。对于手机材质的问题，小米手机采用第二代的低温多晶硅LTPS技术，保证小米手机的屏幕质量好、功耗低。小米手机的电池使用了最先进的锂离子聚合物电池，由LG提供电芯，并在德赛和飞毛腿完整封装。这样的一流供应商的电池比国产最好的电池最少贵30%。

如果说前四年的蓄势和铺路让小米向大众亮出了自己的态度，那么，这一次，追求工艺和手感的雷军则尝试在更高的质感和品位上超越自己。

当规模和影响力都上升到一定高度时，追逐品质和品位、努力实现"做出让国人骄傲的国际品牌"就成为雷军对手机的新要求。小米4采用一种全新的具有极强的防锈、耐腐蚀性能的奥氏体304不锈钢体材，这种钢板又具有极佳的可塑性和韧性，方便冲压成型。小米4从2013年2月立项，研发过程历时18个月，经历了6代工程机，尝试了30种手板，经过了193道工序，需要CNC数控机床的8次加工，其钢制边框从一块309克的钢板到最终成型19克的精致工艺的边框，加工过程耗时32个小时。

在手感方面，小米4更是费尽心思，在喷砂材料方面经历了6个月试验、实验了4家供应商、7类常用砂型、5种砂粒大小，以及100组喷砂参数；后盖方面，亦尝试了木纹、竹纹、布纹、皮纹、大理石文、陶瓷纹等近百种，可谓极致完美。

小米不仅靠实力征服了客户，也征服了代工工厂。雷军坦言，"如果不是小米经营四年的话，我们想做不锈钢边框也没人给我们做。"富士康廊坊工厂有23万平方米的厂房，其中18.6万平方米的几十栋厂房都在为小米生产，为了加工不锈钢边框，包括富士康在内的两家合作伙伴增加了19亿资金的设备，本身已有大量CNC机床的富士康为小米增加了800多台设备。

为此，雷军开玩笑称，与供应商间的鱼水情是靠真金白银证明的。小米4通体黑色，依稀闪烁着金属的光，简约精致，浑然一体。当小米4完整呈现在大众视野中时，自诩"最务实工程师"的雷军夸口称，他第一次看到小米4工程机时，自己也被震惊了。

除了小米4这个成人礼代表作，小米的MIUI6和小米手环也是亮点。可视化菜单、整合各种常规服务的小米黄页……已经持续198周升级、拥有6500万激活用户的MIUI系统意在成为最好的安卓系统，而售价79元的小米手环则意在铺路未来的智能家居生活。更确切一点说，其实，他们都将是雷军曾经提出"软件+硬件+互联网综合体验"的铁人三项中的重要一环。

第六章

把服务做到极致

在一个产品丰富的时代，比拼功能与技术的翻新已不再是撒手锏，品牌需要将"用户"变为"选民"，找到这些群体，并将他们被压抑已久的参与感、平等感释放出来。小米的快速崛起，可能不单纯在于互联网思维，而是抓住了消费与技术大迁移中选民觉醒的机遇。

互联网创业，越简单越容易成功！

人们一般会认为专注意味着对你需要专注的事情说"是"，雷军说："要想专注，就要勇于对其他1000个好主意说'不'。"雷军有作为优秀产品经理的天赋，他知道在一个产品中，哪些功能是必要的，哪些功能又是不需要的。

为什么有些企业能够成功，有些企业却难逃失败的宿命？在通往财富的道路上，成功究竟有没有规律可循？苹果成为全球最有价值的品牌。这个全球最有价值品牌旗下的产品，竟然用一张小桌子就可以摆得下。这也是苹果如此成功的一个原因——它一直致力于开发小巧、简单且有品位的产品。

耐克公司的CEO马克·帕克刚上任时，曾打电话给乔布斯征询建议。"耐克制造出了世界上一些最棒的产品，让人渴望得到，但也制造出了一堆垃圾。你只需要抛弃那些垃圾，专注于好的产品。"乔布斯说到这里，停顿了一下。帕克在电话那头轻声笑了起来，但乔布斯没有笑，他是认真的。

"他说的绝对正确，我们必须'编辑'。"帕克说。帕克所说的

"编辑"指的是做减法的商业决策。"编辑"促成了伟大的产品设计和有效的沟通。

2008年10月，苹果推出了新一代MacBook笔记本电脑。苹果的设计大师乔纳森·艾弗说，全新的铝合金一体外壳使苹果去掉了60%的电脑零部件，零部件的减少意味着电脑更加轻巧。此外，与你所想的恰好相反，减少零部件还使电脑更加坚固耐用。

尽管每家公司都清楚促使苹果创新的动力，但很少有公司敢于像苹果那样去实践。你必须有极大的勇气，才能像苹果那样有足够的勇气。将智能手机正面的键盘与按钮变成一个很大的触摸屏，这需要勇气；在更新主要产品时，网站的主页只呈现那一款产品，这需要勇气；设计像iPad这样一款简单得连小孩都知道如何操作的产品，这需要勇气；乔布斯每次演讲时，在幻灯片上去除所有文字，只留下一个单词，还是需要勇气。

一个完美的设计，不是因为没有任何东西可以添加，而是因为没有任何东西可以减少。客户要求简约，设计师就必须拿掉一切影响用户体验的东西，不管它是产品设计、网站导航、营销广告还是幻灯片演示。

一个在一家大企业做了十年软件研发的朋友想自己创业，问雷军需要注意什么。雷军开玩笑说，要想成功，必须学习互联网创业的"葵花宝典"，首先就是"挥刀自宫"，干掉大公司的那套做法，控制成本，尽量少花钱，集中精力和资源解决核心的一两个问题就足够了。不要想太多，不做太长时间的计划，尤其是计划不能太复杂！创业成功需要的是发现机会和快速突破的能力，再加一点儿运气。大公司的工作经验太多，有时候反而会限制自己。

互联网创业，越简单越容易成功！"专注、极致、口碑、快"这七字诀，集中体现了雷军的经营之道。

2012年3月，曾有一则"899元的低配版小米手机"的消息盛传开来。这则消息绘声绘色地指出，盛大将推出1199元的1GHz双核智能手机，这对官方售价1999元的小米手机是一大威胁，于是，志在成为高性价比国产手机典范的小米坐不住了，顺势推出低配版手机。

听到这则流言的雷军有点哭笑不得，他在微博中辟谣，小米只会专注于高端智能手机领域，不会考虑中低端配置，他特别强调，小米的经营理念是专注于高性能高性价比的发烧级手机。了解雷军的人都很清楚，有关小米手机低配置版的言论纯属谣传，因为"专注"的理念一直被雷军奉为圭臬。

雷军曾在多种场合强调过："专注对每个人都非常重要。"在创立小米之初，雷军就坚决贯彻"专注"原则，小米只做一款手机，也只有一个名字，就叫"小米手机"。在手机的配置方面，只做顶级配置的手机，同时还要做到性价比最高，至于手机的销售则主要靠网上的在线销售。

有人说杰克·韦尔奇任通用电气总裁期间最大的成就是收购了上百家有价值的企业，可杰克却说："不，我对公司最大的贡献是拒绝了至少一千个看上去很值得投资的机会。"快速成长、做大做强是很多企业的梦想，于是，当有机会摆在眼前时，我们都很难拒绝，结果往往什么都干，却什么都干不好，这是大多数企业的通病。

美国管理大师彼得·德鲁克说过："没有一家企业可以做所有的事情，即使有足够的钱，它也永远不会有足够的人才。"而日本管理学家大前研一则指出，专注才是企业持续盈利的唯一途径。每个企业都需要专注的精神，只有聚焦战略，才能实现企业稳健、快速地成长。

对企业管理者来说，他的任务不是决定企业应该做什么，更重要的是把握住企业不应该做什么。面对成长、利润的诱惑，企业家首先要懂得专注的力量，把优势的资源进行绝对的聚焦，果断放弃应该放弃的，紧紧把握应该抓住的。

抓住并满足断裂期的选民诉求

浮躁的设计师做出的作品一定也是浮躁的，只用技法堆砌出来的不是真正的好作品，只有能打动人心的才是好作品。雷军一直非常欣赏乔布斯强调的至简的原则，他一直在对众多的好想法说"不"，因为只有聚焦在关键点上，才能使产品脱颖而出。

经验告诉我们，用户更容易被简洁的东西所吸引。小米公司虽然拥有一支技术特别精湛的精英团队，但是它不会无缘无故地夸耀自己的技术特长，它总是将复杂的事情简单化。

2010年4月6日，中关村银谷大厦，雷军与其他七位创始人喝了一碗小米粥，开始"闹革命"。此后的几年，小米狂飙突进，一骑绝尘，迅速成长为年销售额近300亿的品牌。这种异类生长让很多传统品牌的经营者们大跌眼镜，"用互联网思维解读小米"也成为潮流，模仿小米的营销术更成为一种显学。

"毕加索和马蒂斯在画布上花了十年工夫才完成一件作品，然后才将画作卖掉。"雷军所主张的设计是能让冰冷的科技拥有温暖人心的力量。小米4仅开发时间就花费了18个月。这款耗费小米心血的产品，在工业设计方面，较前几代产品有了较大的颠覆。小米的品牌宣言是"为发烧而生"，但大量购买用户并非发烧友群体，他们为何买小米的产品？

雷军表示："要做高性能、高性价比的手机，首先考虑的是高性能、电话功能好，其次才是工业设计，我的要求不是外观有多少人喜欢，而是外观不能有人不喜欢。最后，设计团队的方案就是'没有设计是最好的设计'。我们可以换七彩的后盖，也可以选择超薄的外壳，还有七彩的原装电池。"

电子商务不仅仅是潮流，更是一种先进的销售模式，可以省掉所有中间利润，直接回馈用户，让用户买到便宜实惠的东西。

金山网络的傅盛曾有一篇文章流传甚广，名字叫《工程师逻辑已不再重要》，他指出工程师文化重在强调逻辑性，"他们会在产品上花很多心血，很多功能都舍不得扔掉，却不知道用户能接受的其实只是最简单的点。"

这是手机产业出现消费需求与技术断裂期的典型表现。当手机从早期少数人才能使用的高端通讯工具逐步变成大众消费品时，传统巨头却依然维持着传统大工业制造与工程师技术文化的惯性。

它们讲求大规模流水线作业，以规模经济降低成本，以功能的延展构筑护城河，但最终导致"千篇一律"的同质化竞争，尤其是陷入价格血战。与此同时，工程师文化也带来了一种语境隔膜，无数的手机发布会都在强调各种功能参数，而用户却对冰冷的数字产生了疲劳。

第一个挑战者是苹果，就在诺基亚高层嘲讽第一代iPhone根本不经摔时，用户却为之疯狂。iPhone之所以能够重新定义智能手机，在于它的第一出发点是让用户轻松用手机上网，并开启了软硬一体化的新纪元。随之而来的新晋者是HTC与三星，它们抓住了安卓系统追赶乃至反超IOS系统的机遇，迅速做大。从技术演进的角度看，这些后来者并没有将手机视为纯粹的通讯硬件，而是将之视为基于操作系统的移动化的电脑。

雷军在创业之前，曾买来二三十部iPhone一代，也买了HTC的G1等安卓手机进行研究，悟出了背后的技术演进趋势：未来的手机就是移动的电脑，而参考30年苹果电脑的遭遇，小米的"台风口"在于做适合中国人的安卓手机。于是也就有了小米手机未发先做MIUI系统的情况，并以硬件微利的方式售卖产品，这是大工业时代的手机硬件商所无法想象的做法。

问题在于，目前借势安卓系统的硬件制造商们，大部分依然摆脱不了上述惯性路径，强调参数的工程师文化依然浓厚，基于多核、拍照、防水、轻薄等功能性竞争甚至愈演愈烈。这意味着，小米的崛起背后不仅仅是抓住了技术演进的机遇期，还在于它满足了社会断裂期消费迁移的某些特定需求。

在一个产品丰富的时代，比拼功能与技术的翻新已不再是撒手锏，品牌需要将"用户"变为"选民"，找到这些群体，并将他们被压抑已久的参与感、平等感释放出来。小米的快速崛起，可能不单纯在于互联网思维，而是抓住了消费与技术大迁移中选民觉醒的机遇。

小米满足了"米粉"的心理诉求，即"可参与"以及"真实"。对用户而言，小米是他们的，他们参与过，就有了拥有感。同时，小米有很多的不一样，很个性，而年轻人都喜欢不一样。

如今的"90后"一代呈现出碎片化（他们喜爱的明星已经碎片化到任何一个明星都不能吸引这个群体的10%）、指尖上的一代（依赖移动互联网）等特征，更重要的是，他们是"反馈饥渴的一代"——渴求极致的游戏化体验，每完成一个动作或步骤都渴望得到反馈和激励。

在这场消费文化的大迁移中，用户不会因为功能性满足而选择一个品牌，但能够拥有选民的品牌，一定是戳到了用户文化价值诉求的痛点，满足了其身份认知与表达的诉求。

2014年7月底，小米曾在其QQ认证空间中放了一张用牛皮纸包装的产品图，请大家猜测是什么产品，随后揭晓谜底是红米手机，并开放预售。结果有745万人参与预约，90秒内，10万台红米销售一空。

黎万强在后来解读这一现象时，说了这样的话："这并非只是利用人们的炫耀心理，而是人类自我认知、自我表达的最基本需求之一，炫耀与存在感是后工业时代和数字时代交融期在互联网上最显性的群体意识特征。"

由此可见，现阶段的中国市场存在着两条断裂线，一条是消费文化变迁，一条是互联网技术演进，小米的崛起在于抓住并满足了断裂期的选民诉求。

好的冰球选手会竭尽全力追赶冰球，但是伟大的冰球选手则会寻找冰球的下一个位置，然后等在那里给以致命一击。

小米是如何抓住断裂期机遇的？或者说，如何在自己所处的行业领域，再造一个小米？首先，你需要一个品牌"神话"，故事的原材料可以是创始人、产地、工艺或者配方。

苹果之所有拥有品牌特权，在于它通过乔布斯讲述了一个特立独行的神话，营造了一种宗教氛围。但它诞生于橄榄型社会的美国文化土壤，人们普遍追求差异化表达，"Think different""To the crazy one"与乔布斯的个人神话交融在一起，苹果也由追求"大不同"而找到"大同"的消费群体，因而风靡全球。

也有人曾经追问"为何中国出不了乔布斯"，并预言如果乔布斯生在中国，其成功的可能性微乎其微，继而批评中国的文化与创新机制等。如果将发问的角度放在中国本土的消费文化在渴求什么，也许就能发现本土品牌神话的制造密码：在中国依然是金字塔式的层级结构中，人们渴求平等感与参与感，乐见"大逆袭"的神话。

于是有了这样的故事：一个40岁的男人在捱过了苦闷的"IT劳模"岁月，经历一番在投资圈的折腾，最终站在了台风口上，化身"乔布斯"，一击而中。而来自硬件、软件和互联网领域的七个低调牛人，以半价的身份加盟小米，集合起来去完成一次神奇的大逆袭。雷军自己也曾这样表述："小米其实在大家面前演示一个硅谷式的创业，一个巨大的商业机会，一组很彪悍的人，再拿钱往上堆，一登场就是世界级的玩法。"

要做就做到能力的极限

不逼自己一把，你永远不知道自己有多优秀。人生短暂，不要随波逐流，为虚度了年华而悔恨，为一生碌碌无为而羞愧。人生的百十个年头，呼吸之间就飞过去了。只有经过充分思考的人生，才是属于自己的人生，只有乐于思考的人，才有希望做"命运的主人"，才能更充分地爆发出自己的潜能，创造自己的人生。

雷军在谈到极致的时候，大家经常说小米山寨iPhone。雷军对此很无奈，他说："我有这么大本事吗？要知道，伟大的作品是根本不可能被抄袭的。"他认为这是对他"极致"理念的歪曲。当作品做到极致时，作品没有任何被抄袭的可能性。乔布斯曾放言，5年之内无人超越iPhone，而事实确如他所说。无人企及的原因，就在于iPhone做到了极致，做到极致的东西，是不可再现的。

小米创立之初，雷军的理念就非常清晰，小米要做极致的手机，"极致就是做到你能做的最好"。在这种理念下，不管是CPU，还是触摸屏，小米整个手机硬件的供应商都找的是业内顶级的，为了达到这一点，新生的小米费了不少周折。

顶级的供应商往往是不缺买家的，他们对买家的能力极其看中，而雷军在手机行业算是新人，这让雷军碰了不少壁。有一次，雷军找一家供应商谈判，好不容易见到这家公司的负责人，对方简简单单一句话就将雷军打发了，"要想用我们的产品，先把你们过去三年的财务报表拿来给我看。现在做手机的这么多，谁知道你们什么时候会死掉。"

不停地谈判，向对方表达自己的诚意，向对方介绍小米的创业团队，向对方展示小米的未来，雷军及其创业团队倾尽全力与业内优质供应商交流，最后终于敲定小米用高通、夏普、三星、LG的元器件，找英华达、富士康做代工。

据悉，小米设计部负责人刘德为了能够和供应商很好地交流，下苦功夫背下800多个手机原配件的名字，与100多个厂家进行联系，见过面的供应商代表超过1000名，而他如此努力的根本只有一个，就是做到自己能力的极致。

做到极致，就是做到别人达不到的高度，这样更能保证自身的核心竞争力。小米手机上市大半年后，市面上仍旧还没有同等配置的手机出现，"极致"保证了小米在竞争激烈的手机市场脱颖而出。

"当我们的作品做到极致的时候，这个作品可能遭到抄袭吗？一点儿可能性都没有，如果小米被别人抄袭，那一定是因为我们做得不够好，好的东西是不可能被抄袭的。"所以，雷军根本不怕别人山寨，因为他认为如果被山寨，那就是他自己做得不够好。

在现代商业社会中，你必须是第一个发明者，或者必须是最快的发展者，或者是最高附加值的提供者。做一件事情要比所有人做得好得多，把每件事情做到极致，你就能成为行业的领导者。

做到了极致，你就可以成功摆脱竞争对手；做到了极致，你就可以轻松畅享最大份额的市场利润；做到了极致，你就永远被需要，永远不会被淘汰。做到极致，可以为企业赢得顾客，可以为企业树立不可撼动的市场地位，可以凸显企业的品牌魅力。可是，做到极致并不简单。

其一，要想做到极致，就必须不懈拼搏、持续努力，在企业经营中，唯有以"要么不做，要做就做最好"的胆识和气概倾注于产品开发、营销推广的全过程，企业才能抢占先机，保持领先。

其二，要想做到极致，就必须要有超越常规的创新意识，要有前瞻意识，要敢于打破常规，要有强而有力的行动力，这对企业管理者提出了很高的要求。

想象力的精髓就在于无限可能性

爱因斯坦说过，人的想象力比知识更重要。联想集团的广告语还记得吗？"人类失去联想，世界将会怎样？"有了想象才会有所发明。想象力是人类能力的试金石，人类正是依靠想象力征服世界。

我们从出生起就一直被灌输这样的思想：很多事情我们干不了。然而，历史上有成就的思想家、发明家、作家，无不具有超凡的想象力，他们经常因为出格的举动而被人耻笑，直到有一天他们创造出令人惊叹的作品，人们才发现他们的想法原来如此奇妙。

小米就是靠想象力打下天下的。所有的小米产品，都是小米员工用想象力创造出来的东西。如果说苹果称霸全球的三驾马车是引领时代潮流的手机设计、流畅安全的IOS操作系统和最为成功的应用下载商店，小米则倾力打造自己的铁人三项：硬件、软件和互联网服务。目前，在小米已经开发出来的产品中，高性能发烧级智能手机、MIUI操作系统和专为手机设计的社交聊天软件米聊，均已得到市场的广泛认可。这些迹象表明，似乎小米正踏着苹果的脚步前行。

在网上曾经流传着一个段子：某天，雷军忽然想到了一个点子：

小米是不是可以推出一款饼干？从纯逻辑的角度来看，这件事似乎是成立的：首先，之前有粉丝寄来一部用真的小米（粮食）做的小米手机模型，全公司的人都觉得很有趣，如果都觉得有趣，大家应该就会买账；饼干的制作可以找一家食品厂谈，由专业工厂生产，只是最后挂上小米的牌子，操作上不存在难度，再加上搭配小米手机售卖，链条全通了；小米手机的很多购买者购买这款饼干，肯定不是为了解饿，而是为了好玩，这种独特的"手机配件"从趣味性上来看绝对是一种创新。当雷军把这个点子发到微博上时，有人评论道："雷总，你还是干点正事儿吧。"当然，"饼干产品"之后并没有诞生，可这种创新思维还是给人留下了深刻的印象。

雷军认为想象力的精髓就在于无限可能性，它会驱动人去努力尝试一些东西。小米最先发力的是移动产品米聊，雷军曾判断如果腾讯半年没有反应过来，米聊将是市值100亿美元的产品，如果半年时间腾讯反应过来，米聊基本会归于失败。腾讯微信的快速推出及成功使米聊发展遇挫，在小米一代手机发售的那段时间，雷军面临着巨大压力。雷军曾对腾讯科技坦言，创办小米之初最大的压力可能就是怕输。

好在随后小米手机一路成功，理想正一步步接近。小米在年销量过千万后，已经将目标瞄准国际市场——雷军要将小米打造成为一家世界级公司。雷军说，如果智能电视、智能手机领域真出现新的更受欢迎的公司，这对小米来说是一个悲剧。不过，从小米创新能力和商业模式来看，小米会持续提供最好的产品，会持续保持高性价比，未来小米输掉的可能性不大。

关于智能电视的未来，未来小米电视是否可以做到随时随地携带、用户随时随地可以看到想看的内容很关键。未来智能电视在客厅中依然会处于中心地位，但相比现在的电视，未来的电视会有很多功能，如将游戏机功能直接整合在电视上，再比如通过智能电视的视频通话跟远方的朋友进行电视会议或电视聊天……电视不仅仅是电视，更是一台大屏幕的电脑。

不过，要做到随身携带对小米来说是一大挑战。在雷军看来，变通的方法是将手机做成小型的连接器。电视到处都有，如酒店的每个房间都有电视，每一间会议室都有电视，只要有屏幕的地方，把手机与屏幕连接上，用手机就可以看各类视频。这也是小米设计产品的核心思路，即以小米手机为核心，手机能够替代电脑成为最重要的互联网设备，电视会成为其显示设备。

当然，雷军关于电视无处不在的理念依然面临挑战。小米电视要实现这些，周围必须要有很强的网络支持，当前网络并不支持随时随地呈现。不过，这一切都不会是问题，首先4G牌照已经发放，未来国内网络会进一步发展，这使得小米电视的网络环境会大幅改善；另一方面，当前消费者还存在流量恐慌症，如果能像国外一样包月不限流量，让消费者破除流量恐慌症，雷军描述的愿景将成为现实。

科技高速发展，小米手机、小米电视正在改变和颠覆智能手机和智能电视行业。雷军认为手机和电视可以连在一起，手机就是电视的遥控器，电视是手机的显示器，基本上就是把电视从一个传播媒介变成一个播放媒介。

关键点不是业务规模，而是打好平台模式的根基

过去是供应决定需求，时代发展到今天，价值链倒了过来，需求决定供应。营销的主流趋势是供应链整合已经完成，需求链竞争时代已经到来，今后所有的努力必须从这里展开。雷军说所谓的互联网思维，就是"专注、极致、口碑、快"。他已经告诉我们90%的成功经验，但剩下的10%才是真谛。

小米公司的关键点不在业务规模上，而是打好平台模式的根基。2013年是小米的战略转折期，小米从低端智能手机的产品供应商成功转变为年轻一代人的数码生活的伙伴——小米手机（扩展到更低端的红米）、小米电视、小米盒子、小米路由器、摄像头和耳机等小米配件、米兔玩偶等周边产品……围绕年轻人的生活方式，小米逐步展开产品的系列化，从单一产品供应商转变为综合解决方案供应商，小米的平台模式正式架构成形。

小米的真正战略意图是以小米手机来聚集顾客，通过一系列的营销手段来构建顾客社区、呼应顾客价值观、深化与顾客的一体化关系，再围绕着顾客的生活方式成为综合供应商，小米的未来成长空间不可

想象。

接下来的成长只是战略步骤的问题：其一，小米可以围绕着现有顾客进一步扩展产品系列，看到哪一个领域市场空间足够，而竞争对手又墨守成规、不思进取，小米就可以先延伸到哪儿。反正是整合产业链，小米根本用不着考虑生产或采购的统一性，新领域的进入成本很低；其二，小米也可以在现有产品线下扩展用户，区域扩张则走向港澳台和东南亚等，细分市场扩张则如小米向红米的延伸，未来随着这群顾客的成长，小米自然可以向中高端延伸。当然，更可能的是两步同时进行。任何一种道路，都没有市场上的障碍，小米需要做的只是发展管理能力，使其适应成长速度。

平台模式的威力就是在此！小米的战略意图也很清楚，要进一步抢夺年轻消费者，使其聚集到自己的平台之上。所以，小米手机要扩大供货量，不是为销量，而是为了抢夺年轻消费者。

小米公司的关键点不在业务规模上，而是打好平台模式的根基。如此，小米模式就不会倒塌，小米公司就有机会跟随顾客同步成长，成为行业领袖。

首先，小米始终坚持和用户交朋友。雷军说，和用户一起玩，给了小米持续奋战的动力和不断创新的源泉。"前几天我们举办的小米爆米花年度盛典上，很多和我们并肩相伴数年的'米粉'来到现场，回忆一起走过的日子，他们甚至激动得流下眼泪。'米粉'一直在关注着我们，我们一定不能辜负这份厚谊。"

小米深知，用户是根本。企业的重心不是产品，而是用户。同样是做平台，小米和海尔是略有差异的。小米是在构建"用户的平台"，企业与用户互动、用户与用户互动，最终企业与用户关系得以深化；海尔是在构建"员工的平台"，企业与任何在册或不在册的员工建立合作机制，激励他们成为自主经营体，独立去满足用户需求。

海尔有退化为中介的风险，类似集贸市场——海尔建立规则、出让摊位，让自主经营体摆摊，让他们与用户双向选择。地理上的集贸市场，能靠位置的垄断优势维系顾客，海尔的平台靠什么维系顾客呢？如果没有统一的顾客基础，自主经营体很容易分散化，恐怕很难与组织起来的竞争对手抗衡。

小米的用户平台更有力量。小米的业务重心是智能手机，但工作重心是小米网及其线下服务体系——这是小米深化顾客关系的有力武器。他们通过爆米花节、同城会、才艺秀等若干与产品销售无关的活动，让顾客认识到小米理解他们的生活方式和价值观。顾客关系不断强化，小米就有不断整合产品的强大基础。所以，除了与用户一起玩，小米在2013年还建立了18家小米之家旗舰店、436家维修网点等，都是在不断强化平台的聚合力。

现在是粉丝经济时代，只有与用户交朋友，才能有更好的生存基础。所谓粉丝经济，指的是我购买你，是因为我喜欢你，而不是你有特色。信息爆炸的时代，消费者出于降低决策时间成本的考虑，会对信息进行选择性过滤，大量信息会被直接筛掉。但粉丝不会过滤你，只会过滤竞争对手。

其次，小米始终坚持产品为王。雷军说，"小米要追求超高性能和超高性价比，提供能让用户尖叫的产品，这是小米的立身之本，是小米一切商业模式、产品策略、营销方法成立的前提"。

用户是根本，产品就是基础，产品竞争力是争夺用户并强化用户关系的基础。小米以极致精神追求产品竞争力。建立产品竞争力，需要做好两点：其一，走到顾客生活或生产方式当中去理解顾客需求，即进入顾客价值链；其二，在客户综合体验上超过竞争对手。

小米的成功告诉我们，决定产品竞争力的是综合体验，不是单一的产品特色。产品本身不是目的，只是用户解决问题或满足需求的手段。用户需要的不是产品，而是解决方案。解决方案的综合体验决定了顾客满意度。而且，性价比还要很高。

互联网最大程度地消除了信息不对称，使得品牌附加值趋于合理化，越来越靠近产品价值。品牌的最大意义不再是获得超额利润，而是获得顾客忠诚，让顾客持续购买，并推荐别人购买。

最后，小米始终坚持与伙伴合作共赢。雷军说，"小米的成绩是和富士康、英华达、高通等携手达成的，我们将跟优秀的合作伙伴一起开创行业新格局"。

卓越企业都是产业价值链的组织者。随着社会的专业化分工越来越发达，分工之后的协同也自然变得困难。能把专业分工体系组织起来的企业，才有可能成为产业领袖。但组织产业链并不容易，组织者必须有能力带动分工体系创造价值，并能合理分配价值，才能维系合作体系的持续发展，即共赢。

合理分配价值，是指价值链组织者掌握着价格制定权，有责任依靠价值分配规则来维系产业生态。价值分配是以价格体系来实现的，从零部件到用户的各级交付价格表现了价值在各个合作者（包括用户）之间的分配。

没有共赢的理念，任何企业都无法持久。常有人有"赢家通吃"的思想，认为谁成为价值链组织者，谁就掌握了价格制定权，也就有了价值分配的话语权，就可以为自己谋取最大利益。但过度谋私利，必然破坏合作生态，最终破坏的是整个产业链的生态基础。皮之不存，毛将焉附，最后大家一起灭亡。这样的例子不胜枚举。

第七章

借势营销，才能找到真正的风口

雷军以独到的战略眼光找到了产业中"有台风口的地方"，然后"做了一头会借力的猪"。发布会、社交媒体，都是小米的T台。雷军总是在各种场合宣传小米，以获得"米粉"的关注，随着小米曝光度增加的还有小米的品牌价值和"米粉"的品牌认可度和忠诚度。

不花钱做广告，借势提升自我品牌

      " 为发烧而生"，一直是小米公司的口号；**"让用户尖叫"**，一直是小米的追求。小米手机的高配置、低价位，使它得以迅速聚集起一大批忠实的"发烧友"。互联网时代的好产品，衡量它的标准不是满意度，而是尖叫值。

"小米"的问世，证明雷军以独到的战略眼光找到了产业中"有台风口的地方"，然后"做了一头会借力的猪"，结果就是小米一飞冲天。"粉丝经济"时代，工匠和企业家的区别不仅在战略层面，也同样体现在战术运用上。比如，雷军一向善于借势，以提升扩展个人的品牌影响力。

与其做第二个乔布斯，不如做第一个雷军。小米手机发布会上，雷军的"标配服装""大屏幕"和"乔范儿动作"，无一不让人们感觉他在"模仿"乔布斯。"我用过70多部手机，一部名字也想不起，即便你念到博士，也想不起那些数字和符号的长串组合，但为什么你能记住苹果？因为苹果一年只推出一个款，甚至一度只有一种颜色，这就是简单和专注。""我要学苹果。"显而易见，雷军是乔布斯的粉丝，他要成

142

为"乔布斯那样的英雄"。

作为雷军精神导师的乔布斯，好似神一样的存在。因此，雷军对外宣称不想做"中国的乔布斯"，他只想把乔布斯安放在神坛之上，沐浴着乔布斯的阳光，借乔布斯之名为自己聚拢人气，这正是雷军的聪明之处。谁也不愿意做另一个人的化身，成为第二个乔布斯远没有成为第一个雷军更有吸引力。"如果20来岁时，我被大家誉为'中国的乔布斯'，我会很激动，但对于40岁的我来说，我真的不屑于做任何人的第二，这是真心话。"

可以说，乔布斯名人效应的利用已经告一段落，而"和最优秀的人站在一起"成了雷军的信念之一。2014年初，乔布斯生前的创业伙伴、苹果公司联合创始人斯蒂夫·沃兹尼亚克来中国参加极客公园大会，他被雷军一把逮住——如若让牛人过家门而不入，那是一头真正的蠢猪。

斯蒂夫·沃兹尼亚克应邀来到小米公司，和雷军进行了一场"IT极客巅峰对话"。而且，沃兹还极其配合地动手DIY了小米路由器，事实上，这是沃兹继参加了小米的公司年会后，第二次公开为小米"站台"。小米的辐射圈因此借势扩散到更多极客圈中。

锁定某个领域最热的牛人，然后创造情境与之站在一起，是提升自我品牌的捷径。自从2013年10月在美国硅谷见到了特斯拉的CEO艾伦·马斯克之后，雷军高调宣布要买两辆特斯拉电动车——一辆自用，另一辆给他参与投资的UC的CEO俞永福。特斯拉被称作"汽车业的苹果"，而马斯克是新一代的硅谷巨星，他做的每件事都很吸引眼球。买这种"牛人"的"牛车"，自然也是一件"很牛"的事情。

雷军深知，提升品牌就要积极亮相，活跃在各种场合，让大家认识你。比如与刘德华在清华大学上演"将人生变成战场"的跨界对谈；在腾讯首档高端名人跨界对话节目《越域》中，雷军与"时尚教主"尚雯婕进行有意思的交谈；与《爸爸去哪儿》节目中的林志颖在微博上互动，表示可以帮其实现为爱子kimi打造"黑米"手机的愿望，此举不仅可以利用林志颖的名人效应，更为小米将来进军中国台湾市场未雨绸缪。

综合来讲，雷军"绑架牛人、借势营销"的主要特点是：1.放大个人影响力，提升企业价值。2012年，在国产手机中独树一帜的酷派，其智能手机出货量2000万部，销售收入143亿港币，公司市值却只有54亿港币。而小米当年出货量只有750万部，随后的估值竟然达到90亿美金，将近700亿港币。

小米的营销已经成为经典案例，它彻底改变了电商砸钱的营销方式，这是一种物美价廉的方式。借助飞轮效应，让这种模式继续下去，无疑是一种聪明之举。

时不时与牛人一起出现，制造一些话题吸引媒体的注意，雷军聪明地利用了这种不花钱做广告的方式。尽管不用专门拍广告片，但雷军的出镜率还是告诉我们："我是雷军，我为自己代言。"坐拥800万粉丝的雷军，已经将"与牛人站在一起"的战术玩得越来越娴熟，他的个人品牌正在成型，其能量正变得越来越大。

珍惜每一次露面的机会

苹果手机是典型的极简主义，没有人能够比苹果更简洁。但是这真的就是用户的需求吗？难道乔布斯说：你们只需要两种颜色，黑色和白色，然后从此大家就只用这两种颜色的手机？事实并不是这样的。

雷军认为，小米与iPhone最大的区别在于，小米是集大成的。所谓集大成就是，让所有用户都参与研发过程。在这种理念下，MIUI最初的研发就放在互联网上，敞开门请用户一起参与研发。当时小米每周更新四五十个甚至上百个功能，其中有三分之一是由"米粉"提供的建议。这样做的难度系数很高，为了保证每周更新，必须保证2天内完成规划、2天写代码、2天做测试，可雷军硬是坚持下来了，他希望将MINU做成一个"活的系统"，用户的需求可以随时渗入进来。

"手机是每个人的亲密伙伴，我们和它在一起的时间超过任何其他东西。难道乔布斯说这个东西要这样用、要那样用，我们的习惯就和他一样？不是的，我觉得手机将来会是一种个性化的东西，我们每个人都可以去'养成'自己的手机，这就是在用互联网的思想制造手机。"雷

145

军说。

为了让用户可以去"养成"自己的手机，小米做了很多："因为停电被困在黑暗的电梯里，在手机上却找不到手电筒图标。雷总，能不能添加容易找到的手电筒功能呢？"这是在小米社交工具"米聊"中，一名用户向雷军发出的建议。很快，MIUI新版本中就添加了手电筒功能，摁着最常用的Home键，小米手机用户就能打开手机的手电筒。小米积极采纳用户建议，真正做到了关注用户体验。

"默认壁纸，决定着米粉拿到手机后的第一视觉感受。因此，小米对此十分重视，各个联合创始人，都参与了这次默认壁纸的评选。但是米粉的意见是我们最关注的，你们的决定可以使小米更丰富。希望米粉们投票选出自己喜欢的壁纸。"雷军在微博中发出了欢迎米粉投票的倡议。很快，小米手机的默认壁纸就采用了票数最多的壁纸。哪怕是再小的细节，小米都不忘听取用户的意见。

"滑雪时有朋友丢了一部手机，一下子觉得这两个功能越来越重要了：寻找手机位置、远程删除所有数据。主要原因是今天的智能手机更像电脑，除了通讯录和短信外，还有邮件和各个网络服务密码等私人数据。"以雷军为首的小米团队无时无刻不在思考用户的体验，这让很多米粉有惺惺相惜的感觉。也正因为如此，雷军关于丢手机的微博发出后，立刻就有人跟帖："雷总，我都掉了两部了，解决一下掉手机的问题呗！"很快，小米增加了定位找回功能。

据说，雷军手机通讯录里有1000多名"米粉"的电话。在"米粉"的参与下，小米推出了200余项符合国人使用习惯的创新设计，上百种主题风格的解锁方式、群发短信前自动添加名称、在用户不接电话的前提下友好提醒来电方的开车模式……

小米投入了很多精力关注用户的需求，这样会不会得不偿失呢？雷军说，事实恰恰相反："中国使用手机的人数以亿计，哪怕百分之一的需求都是百万级的大需求。因此，满足个性化需求的创新能产生大效益。"

传统的创新方法一般采用了这样的流程：企业通过市场调查发现消费者需求，然后根据相关需求设计全新的产品和服务。可是，市场调研结果能准确反映市场需求吗？新产品和服务上市时，市场需求是否已经改变了呢？这些不可控因素的存在，使得传统意义上的创新总有一半以上是失败的。那么，我们应该如何减少失败呢？吸引顾客直接参与创新就是一个不错的途径。

日本丰田公司曾做过一个"花钱买构想"的活动，这个活动向所有人开放，不管你是家庭主妇，还是业内专家。在这次活动中，丰田支付了3.8亿日元，买到了38万多条构想，研发、设计、生产、销售环节都有涉及，丰田采用了其中85％的构想，没想到的是，这些落实的构想直接产生了160亿日元的收益。

最了解自己的还是自己，同样道理，最了解消费者的是消费者自己，广大消费者创新的热情和能力可以转化成为企业的一项重要资源。日常情况下，在消费者与企业接触的销售前、销售中、销售后都是让消费者参与创新的绝佳机会，企业一定要始终保持对消费者信息的灵敏度，及时把握机会，从消费者的口中发现商机。

比在一年内销售超过300万小米手机更神奇的是创造这个奇迹的雷军，比雷军更神奇的是超过300万忠诚而疯狂的小米拥趸。在高贵冷艳的"果粉"和低调的魅族"煤油"之外，国内的互联网生态圈子中又多出了一群狂热的物种——"米粉"。

MIUI？低价？高配？似乎这一切都难以成为小米迅速成为一个流行品牌的原因。当我们从市场和产品方面并无法得出"米粉"狂热的结果时，或许雷军本人成了破解这一难题最关键的钥匙。

发布会、社交媒体，都是小米的T台。在投资界历经风风雨雨、深谙用户心理的雷军，总是从容不迫地在各种场合下宣传小米，以获得"米粉"的关注，随着小米曝光度增加的还有小米的品牌价值和"米粉"的品牌认可度和忠诚度。

小米手机大张旗鼓的两次发布会从某种程度来说，可以说是雷军策划的最成功的小米宣传活动。每一次发布会不仅会引发外界强烈的关注，同时也相当于狂热"米粉"的一次聚会。

珍惜每一次露面的机会，雷军不仅在发布会上引发用户的狂热追捧，同时也紧紧抓住社交媒体展示小米。不论是发布会，还是社交媒体，雷军都将它们作为小米的T台。

小米手机有关的微博转发超过70万次，评论突破22万次，这就是小米手机从未在媒体平台上投放商业广告的情况下却能取得300多万台销量的最大资本。

尽管使用频率并不高，但雷军所发布的多条微博中，有九成以上都与小米手机有关，不仅是各种小米相关报道，即使是普通"米粉"抱怨和称赞的微博，他都会转发和评论。在微博平台上，雷军既是小米手机掌门，同时还是一个随时防止小米品牌受破坏的看守，更是一个为"米粉"排忧解难的客服人员。

选择不一样的玩法，获得不一般的利润

不按常理出牌的"野蛮人"，小米就是一个这样的角色。今天中国主流年轻消费群体的消费习惯都是被互联网企业教育出来的，没有谁比互联网人更懂得这批年轻的消费群体到底需要什么。永远站在用户的立场去思考产品是他们遵循的最高准则。当传统的手机厂商还在依靠可怜的硬件利润维持生计时，来自互联网的野蛮人却独辟蹊径，选择了不一样的玩法。

硬件到底有没有利润？尽管雷军说小米不是手机硬件公司，不靠硬件赚钱。那到底小米硬件能否赚钱呢？小米硬件的第一种盈利模式就是新款手机本身的硬件利润，尽管每次新产品前几十万台可能是亏损的，但通过规模化的采购控制成本，仍然可以做到10%的利润率。

如果按照每部手机200元的利润，2013年预计出货量1800万台计算，一年单靠硬件收入就能进账30多亿，即使再打个折，总还是有20亿的规模。2000元左右的价格，高性价比的配置，在这个价位和相同配置下依靠硬件获取利润的传统手机厂商几乎没有了生存空间，这是活活把传统手机厂商逼上绝境。

小米手机硬件的另外一种盈利思路是通过新产品的稀缺性为旧产品腾出利润空间。以小米3为例，1999元的价格在如此高的配置下利润不足百元，但是因为小米3的稀缺性可能会让部分客户退而求其次买小米2系列，而此时小米2系列的硬件成本已经大幅下降，为小米2系列腾出了足够的利润空间。小米硬件的第三种盈利模式就是围绕手机的周边配件产品及粉丝产品。

从几乎囊括了从手机壳到保护膜再到耳机、音箱、移动电源、电池等一切手机外设配件，这些产品可一点儿都不便宜。除了配件外，围绕小米粉丝的T恤、玩偶、背包等生活周边产品也是其利润来源。

雷军宣扬自己是一家互联网公司的逻辑在于小米MIUI系统构建的移动互联网生态。截至2013年6月底，小米共有1422万手机用户，MIUI用户达2000万。在MIUI系统下，社交游戏、搜索分成、流量、广告、小说、购物等一切移动互联网的盈利模式都能被嫁接进来。小米更像是在做移动互联网的商业地产。一方面自己开店运营产品，像是壁纸、音乐、云服务、小说阅读等可以收费的项目都打包装进了系统，雷军控股的金山系软件早已号称要进军移动互联网，旗下WPS、金山快盘、金山杀毒等软件也都全面预装进了MIUI系统；另外一方面是通过应用分发向进驻的软件收取进场费、佣金返点。小米自己的数据说，目前已经是国内第五大游戏联运平台，每个月这块的收入有2000万元。此外，YY语音、凡客诚品、口袋购物、百度输入法、百度地图、QQ空间等这些App也被预装进小米MIUI系统中，这些App有的是雷军投资的，有的与雷军是合作关系，但有利可图是肯定的。

尽管米聊被微信打趴下了，但坐拥手机桌面、浏览器、应用商店等三大移动互联网入口，产业链下的各种软件组合、小米电视、小米盒子在家庭互联网战略上的布局，雷军的这一盘棋下得足够大。

小米的未来，要赚钱的不止是硬件，手机只不过是个载体、一个入口，其商业模式的核心价值就在于通过硬件圈用户，当用户达到足够大基数时，然后通过增加产品附加值进行流量变现是互联网的商业逻辑。BAT、360等互联网巨头的崛起无不遵循这一互联网逻辑准则。且不说小米在未来几年能否圈住足够多的用户，单是这一美好幻景就能引发投资者的无限遐想。

我们已经迎来4G时代，移动互联网也将迎来高速发展期。如果雷军当初选择进入手机行业不是出于巧合，而是如他所言早已看到未来移动互联网的发展大潮，只能说他眼光足够深邃。在移动互联网大浪潮下，硬件+软件+移动互联网，当这些资源被跨界整合时，这是一种可怕的力量。当今天大家都在讨论BAT如何大鱼吃小鱼，逐渐从吞并PC互联和移动互联时，也许小米更像是一条不小心闯进互联网鱼缸的鲶鱼，未来鱼缸里还能存活哪些鱼，谁也说不定。

首先分析小米的赢利模式，我们要先确定两个信息：第一：小米没有实体店，没有代理商，只在网络上销售。第二：小米需要预订，需要预付款。有些可能是定金，有的就是全款。小米赚钱的所有奥妙就在这两个条件中。

为什么小米不做实体店、不搞代理商，只在网上销售？关键点在于有实体店就必须有实物手机，也就是必须要有库存。而网络销售可以零库存。即使你今天下单，物流很给力，那也需要若干天时间才能收到货。这就有一个时间差。有一句名言：时间就是金钱。不要小看网络销售的特点带来的时间差，这时间差真的可以给小米带来利润。

小米为什么需要预定？而不是上市前先铺货让用户马上买到手机？很简单，小米是零库存，小米开放预定时，除了几部发给媒体的测试机，一部手机都不会造出来的。

另外，手机与移动互联网混合的模式也使得小米没有竞争对手。所有安卓定制开发的竞争对手都不是其做手机的竞争对手，所有做手机的竞争对手又都不是其做安卓开发的竞争对手。而且就算是竞争对手模仿跟进，因为小米已经将先发优势占尽，跟进者遇到的困难和挑战只会更大，事实也确实是这样，360、小辣椒、青檬、锤子、大可乐等等模仿小米模式的厂商连昙花一现的机会都没有。

作为一家互联网公司，小米更在意的是用户口碑。雷军认为只要有足够多的用户，盈利自然不是问题，最后也许小米公司只卖出100万部手机，但是却吸引到了几千万的移动互联网用户。Google让安卓免费想的是通过搜索和广告赚钱。Amazon的Kindle fire低价亏本销售也是这个思路，只要用户量足够多，以后通过终端销售内容和服务就可以赚钱了。

小米相对于一般安卓厂商的优势是有多个差异化竞争手段（MIUI、米聊等）。源于安卓的二次开发系统MIUI是个优势。小米官网的定位十分灵活，其也可以当成是一个B2C网站，不止卖手机产品，卖别的也没问题。这也迎合了互联网时代的生活方式。其以小米手机为切口，现在已经卖手机后盖、电池、小米T恤、耳机等周边产品。

雷军的另一个身份是金山软件的董事长。所以，在移动互联网方面，小米可以与金山旗下的众多产品加以整合和改造，如金山卫士、网络存储、手机WPS等等。再加上雷军的第三重身份是天使投资人，所以，小米科技另一个很大的优势是那些"雷军系"公司（金山软件、优视科技、多玩、拉卡拉、凡客诚品、乐淘等）。只要雷军让小米和这些公司进行服务对接，就有了其他手机厂商都不具备的优势，甚至可以形成一个以手机为纽带的移动互联网帝国。

口碑的真谛是超越用户预期

金杯银杯不如老百姓的口碑，口碑的重要性已经得到广泛的认可。那么，如何在老百姓心目中打造良好的口碑呢？对此，雷军的见解很独到：打造良好口碑的核心是要超出用户的预期值。

雷军说："口碑的真谛是超越用户的期望值。海底捞看上去不是很豪华，但它的服务超越了我们的期望值，所以我们觉得好。相反，我去了迪拜的帆船酒店，大家都说那是全球最好的酒店，但我无比失望，因为去之前我的期望值太高了，而我的失望也并不是他们真的差。所以，口碑的核心就是超越预期。"

在雷军的观念里，超越用户的期望有两个途径，一是降低用户的期望值，二是超出用户的需求。在小米成立之初，雷军就曾对团队内部强调，一定要保密，一定要足够低调，这样用户的期望值为零，他们会更理性地判断产品的好坏。

2010年4月6日小米成立，直到2011年7月12日，外界才知道，原来小米公司是雷军创办的，原来MIUI是小米出品的。而这时的MIUI仅靠"米粉"的口口相传，已经吸引了来自世界各地的50多万名手机硬件发烧友，来自24个国家的MIUI粉丝自发地将MIUI升级为当地语言版本，据不完全统计，MIUI系统刷机量达到了100万。

"重要的是用户体验，你所提供的无论是纸盒包装还是30天无条件退换货，实际都是为了超出用户的需求。从我们的统计数据来看，凡客用户集中退换货时间都在购买商品后的第2～3天，主要原因是商品质量存在问题或者大小不合适，而不会是用户恶意退换。你尊重用户的感受，用户也会帮助你维护品牌。"雷军特别强调"用户体验"，在小米经营过程中，雷军尤其注重超越用户的需求。

小米手机上市初，税务局给小米的发票非常少，很多用户的发票只能欠着。后来，机打发票的申请终于得到了税务局的批准，小米立刻启用了12台高速打印机，连续打了10来天，虽然打坏了两台打印机，但小米的理念很简单，一定要第一时间把发票送到客户手中。也正因为如此，小米坚持用快递寄发票。另外，雷军还特别叮嘱，在寄发票的时候，附上一个非常可爱的米兔贺年卡，同时寄了一张手机保护膜。用户接到发票和小礼物后很惊喜，寄来了很多感谢信给小米公司。

2012年4月27日，小米推出了"首批三十万预定的米粉感恩回馈活动"，专门为前30万小米手机用户制作了感恩卡，还无条件赠送他们每人100元现金券，凭券可以在小米网站上购买任何价值100元的商品，不需附加购物。这个活动一推出，广受用户好评。对于用户来说，买卖交易完成后，并不期望还能从厂家获得什么。而小米却在用户买了手机八个月后，给他们发放价值100元的现金券，这超出了他们的预期。

2012年8月，在小米2的手机发布会上，雷军把"超越用户的期望"进行了一次华丽的演示。首先，雷军指出，小米M2采用的CPU是APQ8064 1.5GHz，这款处理器是高通公司的高端产品骁龙S4系列之一，它的性能在这个系列中是独占鳌头的，也就是说，小米M2拥有一颗强大的心脏。然后，雷军公布了一系列参数，800万像素的后置摄像头，200万像素的前置摄像头，强大的图形处理功能，IPS超高PPI精度视网膜屏，每一个数字都彰显着小米M2的强大。粉丝们都在猜测，这样一款高性能手机要多少钱。雷军最后宣布，小米M2市价1999元，全场粉丝顿时为之沸腾，大家都认定它是名副其实的"性价比之王"。虽然后来业内关于小米"性价比"有很多争议，但是，小米在第一时间攻克了用户的心，这是毋庸置疑的。

"在国际商用机器公司（IBM），每个员工都在推销！……当你走进纽约国际商用机器公司大厦或世界各地的办事处时，你都会有这种印象，每个员工都受过训练，经常想到'顾客第一'。"这段话出自IBM前市场营销副总裁巴克·罗杰斯之口，他强调"以为顾客服务为本，真诚相待"的理念是IBM发展的根本。

以用户需求为导向，已经成为很多企业的发展策略。采购商，原本是采购公司需要的产品，现在转变为采购用户需要的产品；产品商，原本是销售已经生产出来的东西，现在已转变为开发、生产用户需要的东西；服务商，原本是提供给用户最好的服务，现在已转变为提供超越用户预期的服务。

现在，中国商业理念进化已经有三十多年，顾客可以轻易享受到很多常规的服务，他们对一般的服务已经司空见惯了，这导致企业投入了很多成本、花费了很多时间精心提供的服务，却不能引起顾客的注意，更不能打动他们的心。这就需要企业能开拓性创新，提供一些超越顾客预期、让顾客感到惊喜的服务。唯有如此，才能给顾客留下深刻的印象，让客户心存感激。

第八章

创始人形象是企业最重要的标识

XIAOMI

作为小米的创始人，雷军时刻不忘利用自己的影响力来推广小米，成为小米名副其实的代言人。雷军曾说过这样一句话："小米是我不能输的一件事，我无数次想过怎么输，但要真是输了，我这辈子就'踏实'了。"

从程序员到行业领袖

雷军比较欣赏的一段话是：竹子用了4年的时间，仅仅长了3厘米，从第5年开始，它以每天30厘米的速度疯狂地生长，仅仅用了6周的时间就长到了15米。人生需要储备！所有的辛苦与付出都是为了扎根，等到时机成熟，便会登上别人遥不可及的巅峰！

雷军1969年12月16日出生于湖北仙桃市，他幼年聪颖过人，是个围棋高手，在当地最好的仙桃中学读书期间，他拿过学校的围棋冠军；他热爱读书，喜欢读《小说月报》，对古诗词也颇有造诣。骨子里浸润着浪漫气息的雷军，尤其喜欢李煜词作的唯美忧伤。雷军讲哥们儿义气，1987年参加高考时，和他要好的同学考上了中科大计算机系。为了和好友有更多的共同语言，雷军毅然选择了武汉大学计算机系。武汉大学是全国最早建立计算机科学院系的高校之一，1978年便开设了计算机专业。而就是这个选择，使雷军从此与计算机结下了不解之缘。

读书时，雷军性格相对内向，不太喜欢跟人交流，而电脑为他打开了一扇神奇的大门。在电脑那个神奇的国度里，雷军像一个巡行的国王一样主宰着一切，每一个字节都如同他的臣民一般，记录了他的奇思妙想。

"电脑远没有人那么复杂。如果你的程序写得好，你就可以和电脑处好关系，就可以指挥电脑干你想干的事。"谈起电脑程序，雷军滔滔不绝。

雷军对程序的热爱达到近乎痴狂的地步。大学时期的雷军很上进，雷军说："在我的印象中，像闻一多等很多名人都是在大学成名的，我也要利用上大学的机会证明我的优秀。"为了达到目标，雷军每天早上七点钟去教室占座位，他总要坐在最靠前的位置听课，又总是最后一个才离开教室。

雷军原本有午睡的习惯，但当他看到有同学趁着午睡的时间看书时，雷军再也睡不着了。不甘落后的他害怕自己的功课落下来，于是，雷军硬是凭着毅力把午睡的习惯改掉了。他说："我特别害怕落后，一旦落后，我怕我追不上，我不是一个善于在逆境中生存的人。我会先把一件事情想得非常透彻，目的是不让自己陷入逆境，首先让自己立于不败之地，然后再出发。"

武汉大学是当时国内最早一批实施学分制的大学，按照学校要求，学生只要修完一定的学分就可以毕业。对自己要求严格的雷军刚上大学就开始选修高年级的课程。功夫不负有心人，雷军在大一时编写的PASCAL程序，在他上大二时被武汉大学编进了大一的教材中。雷军的聪明和刻苦引起了老师的注意，一些老师还特意找雷军做一些课题，这给雷军提供了接触电脑的机会，他手中最多的时候同时会有三个老师的机房钥匙，他可以随时随地用机房的电脑编写程序。有了丰富的实践经验，雷军学习起来更加得心应手，短短两年时间，雷军就完成了大学四年的全部课程，甚至完成了大学的毕业设计。

雷军独立生活的能力很强，虽然家境不错，但是上大学那几年，除了大一是父母替他交了学费，此后的几年，他都靠自己的努力挣得学费和生活费。由于成绩出色，雷军在大学里获得了不少荣誉："挑战者"大学生科研成果三等奖、武汉大学三好生标兵、光华一等奖学金，以及两次湖北大学生科研成果一等奖等。

过硬的知识不仅为雷军在学校赢得了无数荣誉，也让他在武汉的电子一条街崭露头角。武汉的电子一条街（今广埠屯IT数码一条街）位于洪山区珞喻路，离武汉大学仅有10多分钟路程。从1986年开始，在"学海淀经验，建武汉硅谷；北有中关村，南有广埠屯"思路的指引下，这里出现了数百家大大小小的电脑公司。

雷军最初"闯荡"武汉电子一条街的动力来自于"蹭电脑"。那时候电脑还不普及，大学里设备简陋，电脑数量严重不足，一个星期下来，他在电脑机房学习的机会大概只有两小时。后来，雷军有机会认识了当时武汉电子一条街的一些工程师，他就利用去那些电脑公司兼职的机会，不断提高自己的技术水平。

当时，武汉电子一条街上还有一个风云人物——王全国，毕业于武汉测绘科技大学（现已经并入武汉大学）的王全国是电脑高手。雷军和王全国时不时在一起编写程序，慢慢地，两人成了莫逆之交。

1990年，计算机病毒刚刚在大陆流行，正读大三的雷军和同学冯志宏合作开发出了第二个商业软件——杀毒软件"免疫90"。在计算机系辅导员刘绍钢老师的推荐下，这套软件获得了湖北省大学生科技成果一等奖。"免疫90"在武汉卖出了几十套。虽然销售了一年后，雷军仅仅赚了几百元，但他却从此走上了程序员的道路。同时，雷军在《计算机世界》上发表了很多关于电脑病毒的文章，成为当时小有名气的反病毒专家。不过，雷军的语言表达能力最开始并不好。大二时，湖北省公安厅专门请他讲反病毒技术。雷军准备了好几页纸，但两个小时的讲座，他15分钟就把讲稿念完了。

大四这一年，雷军和王全国、李儒雄等人合伙办了一家名为"三色"的公司。三色公司的主要业务是仿制汉卡。然而创业不易，直到公司接到第一张订单赚了四五千元，公司才有了第一笔收入。他们在饭店租了一个房间，白天跑市场，晚上就在饭店做开发。可是，正当他们三人兴致勃勃想要干出一番事业时，一家规模更大的公司把他们的产品盗版了，盗用者在他们的基础上做同样的事情，但生产量比他们大，价格也更低。三色公司度日维艰，不要说公司运营，就连他们的生活也陷入了困境。有一个笑谈是，当年和雷军一起创业的一个兄弟自诩麻将打得好，自告奋勇去和食堂师傅打麻将，真的赢了一大堆饭菜票来。无米下炊的时候，雷军等人就派他去打麻将赢饭菜票。生意难以为继，半年之后，三色公司散伙。

1991年7月，22岁的雷军北上，大学毕业后的他被分配到北京近郊的一家研究所工作，工作轻松自在，且薪水不菲。"内心颇不安分"的雷军开始利用下班的时间，和中关村的大腕们打交道。

1991年11月4日，在一个计算机展览会上，刚从武汉大学毕业4个月的雷军见到了他仰慕已久的WPS创始人求伯君。他将一张只印了自己名字和寻呼机号码的名片递给了求伯君，而当时求伯君递给雷军的名片上赫然印着"香港金山副总裁"的名头。

在北京大学南门的长征饭店，求伯君与雷军第二次会面，求伯君请雷军吃烤鸭。席间，求伯君邀请雷军加盟金山，雷军不置可否，他还没有完全想好。后来，求伯君专程前往武汉邀请雷军、李儒雄、王全国加盟金山。求伯君问："武汉最好的酒店是什么酒店？""长江大酒店。"李儒雄答。求伯君说："我们就住长江大酒店。"

当晚，雷军与李儒雄敞开心扉，求伯君和王全国促膝长谈。雷军对李儒雄说："在金山工资高，每月1200元。求伯君的今天就是我们的明天。你在金山有股份。"李儒雄当时的工资是280元，加上补助能拿到320元，李儒雄被雷军说服了。当晚，四个人同住一室，雷军和王全国睡地铺，李儒雄和求伯君睡床。不久后，雷军加盟金山。

可以说，毕业一年的雷军于1992年毅然离开了待遇丰厚的科研所，加盟了金山，完全是为了继续自己的"编程梦"，之后，雷军成为北京金山研发部经理。此时，写程序已经不再只是爱好那么简单，它成为雷军生活的全部。

写程序实际上是一件苦差事，它不仅费脑费时，对体力也是一个考验，然而，雷军就是喜欢这样的生活，并乐此不疲，这才是他最擅长、最喜欢的事情。然而，真正的商业化软件追求的不仅仅是软件的完美性，同时软件还必须符合市场的需求，这对程序员提出了更高的要求。因为没有想法的产品不会得到社会的承认，同样它也不会给社会创造财富。想明白这一点后，雷军开始参与到公司产品的设想和管理中来。

　　雷军是一个凡事追求极致的人，不管是做程序员还是做管理都同样如此。雷军在负责金山软件开发小组的工作时，每天从9点开始投入工作，一直到晚上11点左右才离开公司。金山公司成功地将雷军塑造成一名优秀的管理者，从1992年出任北京金山开发部经理起，雷军的管理生涯就开始了：1993年出任珠海金山的常务副总，1994年出任北京金山软件有限公司总经理；1998年联想注资后出任金山总经理，负责整个公司的管理、研发、产品销售及市场战略规划；2000年底公司股份制改组后，出任北京金山软件有限公司总裁；2007年出任金山软件副董事长，这一年，雷军38岁。

创业是人生的必修课

雷军创造了惊人的商业神话，成为这一两年来创业帮中当之无愧的新偶像、新导师。但雷军却不喜欢人们把他当成导师。谈及自己的连环创业，雷军说："成功靠勤奋是远远不够的，最重要的是找到一个大的市场，顺势而为。通俗来说，就是找一个最肥的市场，然后等待'台风'。在这个'台风口'，一头猪都能飞得起来。但怎么能飞着不掉下来，却需要本事。"雷军就有这个本事。创业这点事儿，在他手里就像民间的智力玩具九连环，别人看得眼花缭乱，思绪全无，他却三下五除二就抓住了创业的精髓，顺利解开成功的密码。

对于雷军来说，创业是生命的必修课。大学时，雷军和武汉电子一条街的老板们打成一片，时间长了，他便有了自己创业的想法。他把这个想法说出来后，得到了王全国、李儒雄等人的全力支持，于是他们合作成立了"三色"公司。然而，三色公司最后以失败告终，这次创业经历让雷军开始变得踏实下来。

加盟金山初期，WPS在中国火爆异常，可随着微软在中国市场上逐渐强大，金山公司陷入困境之中。雷军不得不和求伯君开始二次创业，重新拯救金山于水火。那段时间，雷军几乎是以金山为家，每天工作时间长达十六七个小时，最后金山艰难地存活了下来，并在雷军的领导下走上了一条商业化道路。

金山重回正轨后，雷军的创业梦想却没有中断。1999年前后，金山的工作任务并不繁重，雷军找到高春辉，一番合计后，两人商定做一个专业的下载网站，卓越网开始试运行。

相对于金山来说，卓越可以说是雷军的"亲闺女"。卓越上市初期没有任何收入，可是每月维持运营的费用却达到20万人民币。即便这样，雷军依然没有放弃，在雷军的坚持下，卓越仅仅用了半年时间，就成为知名的中文软件下载网站。也就是在那个时候，雷军指出："我是雷军，不是雷锋。卓越网站100兆的带宽，每天的租金费就是2.1万元，这样的带宽用作免费下载，一没有效益，二没有访问率，卓越原来的路子有问题。"

2000年前后，雷军对卓越进行改组，将它转型成为一家B2C电子商务网站，在"超越平凡生活"的口号中，卓越全面停止了原有的下载服务和IT资讯内容，开始主营图书和音像制品。一年后，卓越便成为当时中国大陆最大的两家网上书店之一，到这时候卓越才实现收支平衡。

眼看着自己的"亲闺女"女大十八变，越变越好看，雷军内心骄傲无比。国际巨头们对卓越这个"漂亮闺女"垂涎三尺，2004年，亚马逊公司开始与卓越就收购事宜谈判。经过反复磋商后，亚马逊以7500万美元的价格与卓越控股方达成收购协议。

即使在金山内部，雷军也没有停下创业的步伐，这家由WPS文字处理软件发展起来的软件公司，先后出品了金山影霸、金山快译、金山毒霸等一系列产品。互联网时代的来临，让雷军看到了新的机会，金山开始涉足游戏领域。

开展互联网游戏初期，雷军要求金山的高管人员每个人手里必须有一个40级以上的游戏账号，雷军本人更是白天工作、晚上游戏，为的是增加游戏的体验度，于是，《仙剑奇侠传》成了金山最成功的作品之一。

2007 年，金山在香港交易所成功上市，就在所有金山人为之欢呼的时候，雷军却萌生退意。年近四十的雷军一下子从企业高管成了"失业人员"，他希望能够找回年轻时的创业冲动，希望褪去金山的印记做回自己。

雷军看着一批批互联网牛人风云崛起，并且，有很多还是他相识的人，雷军内心不免有些落寞。马化腾的腾讯公司成为中国市值最高的互联网公司，丁磊的网易也成为门户大佬，周鸿祎的奇虎360做得有声有色。

雷军不想再这样一成不变下去。离开金山后，雷军经历了深刻的反思。他对金山生涯的反思有五点：人欲即天理、顺势而为、广结善缘、少即是多、颠覆创新。雷军慢慢确认了一件事情：在一家改良导向的公司里，他是做不成革命者的。意识到这一点，雷军有些怅然，于是，他决定先什么都不要想，也不要有什么目标，过一阵逍遥的日子，想透了再干。

雷军不缺钱，但他缺一样东西：再一次成功的机会。他说："金山就像是在盐碱地里种草。为什么不在台风口放风筝呢？站在台风口，猪都能飞上天。"想清楚的雷军突然发现一切都开始顺畅起来。接下来的几年时间里，雷军拿着自己的钱褛子开始扮演天使投资人的角色，他先后投资了几家企业，并获得巨大成功。

哥已不在江湖，但江湖却有哥的传说。此后三年，雷军用看似远离互联网江湖的方式对自己"归零"，在"归零"的三年半间，雷军成为中国最成功的天使投资人之一。

在他的投资名单上，有一串闪亮的名字：互联网快时尚服装品牌凡客诚品、网上鞋城乐淘、奢侈品购物网站尚品网、移动浏览器厂商Ucweb、多玩网、语音聊天软件歪歪（多玩旗下产品）、电子支付运营商拉卡拉，以及网络安全厂商金山网络、移动社区乐讯等17家公司。这些公司大都在各自的领域数一数二，部分公司估值甚至超过金山。业内纷纷评价称，天使投资让雷军奠定了"雷军系"。2011年夏天，易凯资本董事长王冉在微博上说："全中国都是雷军的试验田。"

雷军投的第一个项目是孙陶然的拉卡拉。孙陶然和雷军相识于1996年在中关村组织的一次会议上。回忆起当初见面的情形，孙陶然说两人算是一见如故，"我进去时，台上有个年轻人，讲得慷慨激昂，后来才知道他是雷军，散会后我们聊了很久。"之后数年里，两人每次交谈，都对事物有大致一样的判断和见解。2004年，孙陶然创业，联想投资找到雷军做调查，雷军对孙陶然称赞不绝，并且立马给孙陶然打来电话，谦虚地说能不能给他个（投资）机会，孙陶然受宠若惊，当然求之不得。

"陶然做什么都能成。"这是雷军对孙陶然的判断，也是他一贯对他认准的人放出的话，"无论做什么我都投。"这话，他不仅在2004年对孙陶然说过，在2005年对陈年说过，2006年对俞永福也说过。

陈年与雷军可谓是老交情，他们1998年就认识，后来共同创立卓越网，2005年陈年开始做我有网，雷军投资。后因错误地估计行业环境，我有网陷入困境，陈年干脆弃商从文，写了本《归去来》的小说，可骨子里不甘心的陈年那份创业的意念远大于写作。2007年，联想投资总裁朱立南认为PPG模式适合再创业，雷军认为陈年一定会再成功，于是又投钱给陈年，并全力帮助他重新创业。

2006年，联想投资否决了当时的副总裁俞永福投资优视科技的提议，俞永福十分沮丧，此时，与他相识一年多的雷军跟他说："如果你从联想辞职来做优视科技，我就投。"

雷军说："人靠谱比什么都重要。"他对业界再三申明，"如果你不是我的熟人，或者熟人的熟人，不用来找我看项目，我不会投的。"雷军考察团队会用出其不意的细节去考察，甚至可谓挑剔、苛刻。好大夫在线创始人王航说，雷军第一次见他时，第一个问题就是"你有没有去医院抄医生的出诊时间表"。幸好这些事情是王航决定创业后就开始做的，但雷军对于项目了解的详细程度超过他的想象。

但雷军不是雷锋。除了他投的第一家公司拉卡拉是他所不熟悉的支付服务行业，他后来掏钱的若干项目，均沿移动互联、电子商务、社交三条脉络整齐分布，这透射出雷军对互联网产业的理解与掌控力。

雷军对产品有种偏执的热情。这一点从金山开始即未变过。刚开始投资UCweb，他逢人就要对方在手机上装UC浏览器（现在要求装的是米聊），后来就据说他只穿凡客的衣服。雷军去医院看病，立马就把好大夫在线网站介绍给医院主任，让他们建立联系。

短短两三年，雷军在这个朋友圈中帮了很多人，自己也获益良多。通过一次次投资决策，他持续与业内高手切磋，对产品琢磨，不断吸收吐纳商业的元气。但，他从一开始就没有想过天使投资这事儿是他后半生的寄托与事业。用他的话说，这事儿于他，只是爱好，于朋友，只是帮忙。

有媒体估值雷军系资产约150亿到200亿美元，继腾讯、百度、阿里巴巴系之后，成为互联网江湖的第四大力量。甚至有人把他编入互联网TABLE五大玩家之列——Tencent、Alibaba、Baidu、Leijun（雷军）、Zhouhongyi（周鸿祎）。

对于TABLE的说法，雷军并不认可，他甚至有些忌惮这样的叫法。他表示，这只是雷军的兄弟圈，而不是他个人的什么"系"。当然，如果实在无法避免，他则更愿意把这个兄弟圈称作Band of Brothers（兄弟连）。跟别的天使投资人不一样，雷军通常是带着想法去选人，而不是等人来找自己。

"人靠谱比什么都重要。"雷军说。他对业界再三申明，"如果你不是我的熟人，或者熟人的熟人，不用来找我看项目，我不会投的。"

2011年5月，雷军和马化腾有一次私下会面。马化腾说："老雷，你现在很牛哇。"雷军赶紧矢口否认："哪里哪里，那都是别有用心的人说的。"

事实上，雷军更希望外界认为他做投资是无心插柳的行为，而不是有意为之的布局。他甚至说："哎呀，那都是朋友之间帮忙，你就把我当成一个热心的哥们儿好了。"

雷军基本不看项目，也不接受商业计划书，为此有人说他太拽。"关你什么事？"雷军的回应果然很拽。他解释自己的投资理念："第一，我不是专业的投资人，更不想建个班子，搞成一个投资公司；第二，投资不是做慈善，那是我的钱，我爱怎么投就怎么投。"

雷军看好两个方向：电子商务和移动互联网。在互联网行业浸淫多年，一家公司的收入和估值在两年内量化到什么程度，他通常能得出准确的结论。离开金山后的那段时间，雷军"开始拎着一麻袋现金看谁在做移动互联网，第一名不干找第二名，第二名不干找第三名"。

不搏这一次，人生太不过瘾了

雷军并不甘心顶着"天使投资人"的帽子过完下半生。对他来说，天使投资并非他理想的事业，他更喜欢的是自己投资自己。在与这些企业负责人接触的过程中，雷军重新找回了创业激情，并总结出创业就是干别人没干过的事情、把别人干过但没成功的事情干成的结论。在不惑之年，雷军决定再次出发。

一个有技术、有钱、有人脉资源、还有理想的40岁男人再出发创业，会画下怎样一幅图景？

小米科技是雷军做的最后一件事。成功了，他多年的创业梦也就圆了；失败了，从此以后他也就不再有所奢望。

从瞄准移动互联网领域开始他就决定，未来的公司一定要是全能型的，不仅是智能终端（手机硬件），还有操作系统、手机应用。这一点倒是和苹果很像。为此，雷军还专门走访过国内许多厂家，他一开始的设想是采取投资或者收购一家手机公司的方式来做，但考察的结果发现，"没有合适的企业，对方想做的和我要做的很不一样，改变观念是最难的事，一张白纸最好画。"所以，最终他还是决定从零做起。

为了做好这最后一件事，雷军凭着自己对行业的准确判断和三寸不烂之舌，先后邀请了六名联合创业人和自己一起创办小米公司。2010年4月6日，小米科技低调成立，创始人团队堪称豪华。即便是普通的员工，也个个都是原来企业的精英。小米科技最初的56个员工，总共投资了1100万美元——均摊下来每人投资约20万美元，在大公司看来，这似乎不算什么，但在创业公司中，这绝对算得上是财大气粗了。

这群有钱的精英出手不凡，小米科技仅仅创办半年，他们就成功地推出了一款跨平台、跨运营商的手机端短信工具——米聊。米聊推出后大受欢迎，迅速帮助小米累积起大量用户，上线仅半年，米聊的注册用户就超过了200万人。

雷军理想中的好公司，要有好的产品，产品要让用户喜欢，用户就是产品的发烧友和粉丝。他说，"中国真正有粉丝的公司不多，我想把小米办成一个有粉丝的公司。"

短短几年时间，小米科技便取得了骄人的成绩，雷军也终于找回了自己。现在雷军不仅仅是金山的董事长，同时也是小米科技的CEO，他常常对人们说："我现在四十多了，该有的都有了，我挣钱的欲望没有把一个东西做成功的欲望高，这是我人生中最后一件事，干完拉倒。"

创业是一条艰辛无比的不归路，有人顺利找到"很湿的雪和很长的坡"，将"雪球"越滚越大，甚至登陆纳斯达克，从成功走向成功；也有人一路磕绊，几度抗争，却难逃"亡也忽焉"的厄运，仰天长叹后退场；还有人永不言弃，坚定理想，最终东山再起。

雷军正行进在这条越走越难的道路上。他有经久不息的创业热情，并能将某件产品或服务做到极致；他善于捕捉最新商业趋势，勇于颠覆传统商业模式；他始终保持创业者的姿态，步履坚定，无怨无悔。

雷军说："创业就像跳悬崖，只有5％的人会活下来。"投身天使投资，是雷军对自我的第一次成功解放。如今，创立小米科技，犹如闭眼跳下悬崖创业，是解放还是套牢？雷军决定赌一把。

"跳悬崖"的创业游戏虽然只有5％的胜算，跳过了，就为企业开创新局；跳不过，就翻身落谷！但雷军义无反顾。"输不丢人，怕才丢人"。勇闯不可知的未来，恰恰是企业家精神的真正核心。

雷军不喜欢那种一成不变的生活，就像他喜欢喝的碳酸饮料，他喜欢那份刺激的感觉。雷军爱手机、爱互联网、爱喝碳酸饮料、爱穿棉质T恤、爱秀他投资公司的产品，他是中国IT界最年轻的"老革命"，他的头上戴着多顶光环：金山软件董事长，小米科技创始人、董事长兼CEO，多玩网执行董事长，17家初创型公司天使投资人。

于投资人雷军而言，凡客、多玩、乐淘等一系列公司都像已经推入轨道的卫星，进入2011年夏天后，他几乎全副的身心、大部分公众形象，开始与小米科技这家创立还不到一年半、估值却已到2.5亿美金的公司绑在一起。

一切都在预期中推进。

此刻是他踏入商界后的第三段起点。最初的时刻当然要从他刚满22岁进入金山时算起。金山16年，他就像推石上山的西西弗斯，有一半时间为了上市目标苦苦使劲，他勤勉、努力，但换来更多的是人们同情的眼光。

　　第二阶段，他在天使投资界无心插柳，却似乎点石成金、游刃有余。他在移动互联网、电子商务、社区等领域里的10多个天使投资项目，令旁人眼羡不已，他亦自称，"目前为止无一失手"，尽管还没有一家实现IPO（用他的话说，还没有"和牌"），但已有凡客这样的据称已超过50亿美金估值的公司。

　　人生就这么神奇。第一个阶段，他咬牙、苦干，偏偏难遂人意，他也越发较劲，第二个阶段，他似乎突然拥有了与这个世界对话的密语，通关变得异常简单。这让他欣喜、自信，开始蕴积并急欲抒写在金山时期未能成就的抱负与野心。那就是：做一家世界一流的公司。自从在武汉大学图书馆被《硅谷之火》点燃IT梦想后，他始终想证明自己。现在，他称，小米科技是他梦想的载体，要做出高性能、高品质的智能手机。

　　雷军也想过可能会失败。怕输，是他下决心做小米之前最大的顾虑。"我做天使投资，一年见的几百个项目大部分都死了，听到的更多是沮丧的消息。所以今天轮到我干的时候，无论我多有经验，我第一个念头觉得自己可能不行。创业就像跳悬崖，只有5%的人会活下来。"

　　他承认自己有"输不起"的念头。但他又不甘心，想去搏一把，觉得不搏这一次，人生愿望没实现，太不过瘾了，所以纵使前面是万丈深渊，他也会义无反顾地往下跳。

　　投身天使投资，是雷军对自我的第一次成功解放。这次，闭眼跳下悬崖创业，是解放还是套牢？

　　"如果有志于赚钱，天使投资会很愉快，但我志不在此，可能这么说别人会觉得我矫情，但的确如此。"他想象中，一个好的天使投资人最好在退休的状态，主业是打高尔夫，享受给予信任与挣钱的过程。"我一上来就跟创业者说不要投票权，不要听我的意见，你知道这多可怕吗？"这就像战士手里拿着刀不能上战场一样难受，他还想享受干活、亲身创造的快感。

"再次创业，一定要满足我喜欢、我擅长，而且有足够大的市场机会。"

方向来自于专心做天使投资的几年里，雷军对移动互联网和电子商务的深入观察。"移动互联网是软硬一体化的体验，我看了移动互联网5年时间，琢磨完了，开始研究终端，国内所有的厂商都去看过了。发现所有的终端都不够好。"雷军说。他想打造能拥有死忠发烧友的顶级智能手机。

但闯入脑子里的第一个感觉竟然是害怕。"我好多年没上过战场、没磨过刀，这几年都是在旁边支招儿，现在要上战场，你说这个仗怎么打？"但他同时又安慰自己：好在这几年也是枪不离手、马不离鞍，时刻备战，如果真是刀枪入库、玩了几年高尔夫回来，这还真干不了。2010年初，雷军对终端的思路初步成形，4月，创办小米科技。

雷军最初对创业的犹豫还来自于团队的缺乏，他只在一家公司工作过，所有的子弟兵都在金山，但他出于与金山的关系，不能拉任何人出来。庆幸的是，在担任UCweb董事长期间，因为业务关系，他和时任Google中国工程研究院副院长的林斌结识。在雷军走访手机厂商时，林斌也在代表Google中国做同样的事情。雷军经常和林斌见面长谈至深夜，但没有提过创业，"我当时就奇怪，还想他可能想投资我创业吧。"林斌说。到最后，当双方对彼此的了解几乎超过家人，林斌说他想离开Google创业，雷军才对林斌说，不如一起做吧！林斌的加入终于初步解决了雷军没人可用的局面，小米最初的员工，大多是林斌以前在微软和Google的同事。

雷军、林斌认为"软硬兼施做终端"有戏的判断依据是：第一，未来将是移动互联网的天下，移动互联网的规模是PC互联网的10倍以上。第二，手机会取代电脑成为大众最经常使用的计算中心，现在还完全没有手机做到，即使苹果也是以电脑为中心。第三，现在和苹果竞争的都是硬件公司，所以他们没有办法和全能型的苹果竞争。

这几年投资让雷军成为彻底的互联网信徒。在他心中，互联网不是工具，是观念，用互联网思维做任何产品，都有成功的机会。但是，一开始小米并没有为自己找到恰当的占领手机阵地的入口。他们曾经做了一个小产品：小米司机，供用户下载安装到手机查违章记录。结果用户体验极差，如果没有违章，用户查不到任何结果，有违章的话，用户又超级郁闷。雷军对此一经察觉，立即放弃。

半年很快过去，直到2010年11月，小米团队抓住了Kik。Kik是原创于美国的手机即时通讯软件，在美国仅推出两个月就获取300万用户。某天，雷军正要出门，小米同事拦住他让他看这款产品，"我只看了15分钟，立马意识到这是机会，说OK，Go ahead。"雷军说。这就有了模仿Kik的米聊，一个月后出台，这是中国第一款类似Kik的产品。

米聊捅破了小米发展方向的那层窗户纸，为小米找到并快速积累起大量用户。但是某种程度上，雷军"背叛"了曾经的自己。他承认，在做米聊时，他有一些压力，有心理障碍，他的压力来自于成名人物雷军一直强调自主创新，怎么能跟中国互联网其他创业者学"抄"美国呢？"后来我想我归零了，他们能做，凭什么我不能做？为什么我抄就被骂？我就是要抄给大家看一看。"创业者雷军在变"野蛮"。

参照凡客、UCweb、多玩等公司的经验，雷军为互联网产品下的定义是：专注、极致、口碑和快。快是第一要义。一直以第三方民间团队形式发布MIUI操作体统的团队，以互联网方式快速迭代更新，从而积累大量用户。

MIUI团队的工作状态是：每周五发布，周日之前收集用户反馈，周三之前将成百上千份反馈评估论证，找到需要尽快修改完善的功能，一两天时间做完，周五再发布。"我们团队的人随时都在论坛，最近距离地接近客户，所有付出都能在最短时间内得到反馈，这种工作情况让人一直处于兴奋状态。"林斌说。

通过软硬结合的方式提供互联网服务，国内也有先例，探路者正是中国互联网的两座大山：腾讯与华为合作推出了HIQQ手机；阿里巴巴和硬件厂商天宇合作推出阿里云手机。资源雄厚的两家厂商，都不敢大胆尝试不依靠合作而独自踏入一条未知的河流。

小米考虑过这种模式，但是最终认为这种方式无法将硬件做到极致，无法提供极致的用户体验。所以才冒险选择了"手机，小米造"这条路。尽管雷军从摩托罗拉挖来周光平为首的手机研发设计团队，但创业以来最大的困难，就是"硬件实在太难做了"，事涉供应商、供应链以及手机将来的服务体系等问题。

有评论认为，世界顶级的智能手机至少得有世界顶级的硬件设计和开发能力与之匹配，这一块是雷军从未接触过的，这是最大的风险。假如能像凡客那样，从白领买得起的品质入手，或许比世界顶级更靠谱一点儿。此外，小米的未来，必定是巨额资金的持续投入，但这需要一个个阶段性的支点来撬动。一个环节出现闪失，就可能让整个梦想难以为继。

2010年，小米融资4100万美元，公司估价2.5亿美元，而照雷军估算，如果要做成他心中所想，总投资得到5~10亿美元。"这对于投资者来说，是相信就有，不相信就没有的事情，他们选择相信我。"雷军说，"4100万美元里有创始团队56人投的1100万美元，泡沫不泡沫，就这样了。"

个人名声赋予雷军融资极大的便利，却也在某种程度上绑架了雷军。首先，表现在不少人想搭雷军便车，既想看雷军投什么就投什么，也在不断地塞给他一些投资信息。比如那个2亿美金的Follow-on基金，无数人给雷军出主意。雷军爱好古董，于是就有人建议他搞一个小古董店，这对于雷军来说，当然小菜一碟，根本不算什么特别大的事儿，于是，他就兴冲冲搞了一个小古董店。尽管如此，看创投圈里的项目，将始终占据雷军的精力。

其次，名气让他怕失败。有一天，好友孙陶然转发了一条雷军参与创建小米科技的微博，刚转发，雷军的电话就追来了。于是，孙陶然删除了这条微博。雷军的不少朋友也是直到小米成立近一年后才知道了他创业的消息。

"这次创业是在极度保密的情况下做的，在没人关注与讨论的时候，可以真实地去试自己想要做的。"或者，以雷军的精明可能也盘算过，悄无声息地潜伏与创业，胜过大叫大嚷让大公司提高警惕、对其进行绞杀。

直到7月份，随着小米手机即将出炉，更由于求伯君成功请回雷军出任金山董事长，小米团队才不得已亮相于公众，雷军才不得已明确表态他将对小米全情投入，以稳定小米投资者与团队的信心。

尽管雷军表明了小米在他日程表与心目中毋庸置疑的NO1的位置，但他天使投资人的角色、几个董事长的职务都是实打实的差事，并非闲差。雷军真的有足够的精力可以包揽诸事吗？对此，雷军表示，自己能干的就那点点小事。天使投资领域里，是大家相互支持和帮忙，如果运气好，选创业者选得对，就做成了。那个Follow-on基金，只是天使投资的衍生产品，比如说你投10个项目，觉得5个项目特别好，别人再投资的时候你想跟，但是用个人钱跟不住，就可以用基金跟，所以可以把它理解成天使投资的一部分。在小米，他与林斌实行two-in-one box，林斌分担了他很多事务与决策的压力。

但雷军需要记的事实在是太多了。雷军做事从容，从来不拘具体事务，他只专注核心与关键点，有一件事一直被圈内人传为笑谈。小米科技搬过一次家，有天晚上，黎万强突然接到雷军的电话，问他新公司地址在哪儿。因为在公司搬迁仪式上，雷军作为董事长是被要求去开门的。黎万强笑说："我老婆听见了，说有没有搞错，他都不知道新公司在哪儿。"

虽然雷军身兼数职，但他从没流露过焦虑与不胜负荷。在身边朋友看来，40岁后的雷军变得更加从容、真实和有情感。虽然，爱玩的好友孙陶然依然嘲笑雷军"没有生活"，但是包括他多年属下的黎万强在内的朋友，都认为他现在已经"略懂"生活，他会在周日抽空骑车、开摩托艇，陪家人吃饭，送孩子上学。他也不再那么害怕被人质疑，有人公开在网上叫板说他的小米手机会失败，他不惊不慌地淡定回应：请耐心点，等我们把所有的商业蓝图展现出来再讨论。

作为经验丰富的天使投资人雷军，对于创业者雷军，他最想说的是："因为你什么都有了，总会想这么累值得不值得，所以你得继续发扬一不怕苦、二不怕死的精神。"

业界最勤奋的CEO

俗话说，付出才有回报，耕耘才有收获。勤奋是成功的阶梯，成功是勤奋的结果。在付出时越是慷慨，得到的回报就越丰厚，在成功这条路上，没有捷径可走。当你看见别人获得成功的时候，千万别以为那是运气，因为那里面有你不曾知道的付出。

被称为"最勤奋的CEO""IT界的老黄牛"的雷军，从来也不缺少业内业外对他勤奋的肯定。他曾这样说："天才之所以是天才，绝不是我雷军这样的凡夫俗子靠勤奋所能达到的，但是我仍然有一点点不死心。"这是雷军的一句名言，他承认自己不是一个天才，但是他付出了更多的努力去拉近他和天才之间的距离。

让勤奋成为一种习惯

勤奋的人，不一定事事都能成功，但是成功必定属于勤奋者。雷军从小就是一名好学生，勤奋刻苦的精神似乎与生俱来。小学升初中、初中升高中直至高中升大学，雷军的成绩始终名列前茅。十八岁的雷军以优异的成绩进入武汉大学，就读计算机系。走进大学的第一个晚上，雷军就去上自习，后来每天早上七点钟去教室占座位，他总要坐在最好的位置上听课。他甚至利用午睡的时间来完成自己制定好的学习计划。这样做的结果就是：雷军用两年时间读完了别人四年才能读完的课程，并几乎包揽了学校所有的奖学金项目。

回忆起自己的学生时代，雷军解读了他为什么如此勤奋地学习，连一点儿享受大学生活的时间都没有。他总结道："因为我对自己不自信，唯有通过自己的努力，我才能找回自信。我当时也想利用大学的机会证明我的优秀。

我特别害怕落后，怕一旦落后，我就追不上，我不是一个善于在逆境中生存的人。我会先把一件事情想得非常透彻，目的是不让自己陷入逆境，我是首先让自己立于不败之地，然后再出发的人。"

英国Exetkr大学心理学教授迈克·侯威专门研究神童与天才，他得出的结论是："一般人以为天才是自然发生、流畅而不受阻的闪亮才华，其实，天才也必须耗费至少十年光阴来学习他们的特殊技能，绝无例外。要成为专家，需要拥有顽强的个性和坚持的能力；每一行的专业人士，都投注大量心血，培养自己的专业才能。"一个人想要在某一领域有所作为，就得耗费巨大的时间。

法国《兴趣点》杂志对人一生在时间的支配上做过一次推算：睡觉，23年；吃饭，6~7年；看电视，6年；做梦，4年；聊天谈笑，1年零258天；穿衣，1年零166天；沐浴，2年；等候入睡，18周；打电话，两年半；男士们一生中无所事事的时间，两年半。可见生活里的习惯行为会占据大量的时间。如果做某件事累积的时间超过了一年，那么做这件事实际上已成为他生命中的一种习惯，就如同聊天与穿衣一样。所以，那些能拿出一万个小时去专注地做好某一件事的人，其实就是把勤奋作为了生活习惯的人。

用勤奋浇灌梦想

北京是中国电脑业的圣地，是梦想者的天堂。年轻时的雷军，为了胸中那个无法释怀的梦想，跟其他"北漂"一样，对北京有着飞蛾扑火一般的执着。他一毕业就义无反顾地来到北京，满怀着干一番大事业的心情进入一家研究所，参与大项目。

这家研究所在郊区，条件艰苦，但雷军并不在意。毕竟年轻人豪情万丈。让他比较惆怅的是，他一直无法适应研究所那种氛围，找不到参与大项目的感觉，找不到发挥才华的绚烂舞台。

凡是遥远的地方，都对我们有一种诱惑。不是诱惑于美丽，就是诱惑于传说。现实与理想，总是存在着一定的差距。当其他同学选择了深圳和广州，讲述那里盛况之时，雷军都没有丝毫的心动，毅然独自前往北京。现在沦为软件生产流水线上的一颗最不起眼的螺丝钉，他多少总有些怅然若失与不甘心。

当雷军陷入无限迷茫、惆怅的情绪无法自拔时，他认识了用友软件的副总经理苏启强。除了很有特点的福建口音外，他最大的特征就是生物钟已经黑白颠倒，深夜上网已是常年习惯。他少年老成，低调却不甘寂寞，1988年辞职下海后，苏启强和王京文创办了用友软件。

公务员的阅历使苏启强对大局的把握有着先天的优势。不甘寂寞的苏启强告诉同样不甘寂寞的雷军，继续开发加密软件。他认为，很多事情，定了一个方向，每天都在做事，不受干扰，最后肯定能有所收获。

随着开发产品的增多，硅谷英雄的故事越来越灼热地燃烧着他的胸膛。冉冉升起的英雄梦想，让他越来越看不上自己之前开发的软件BITLOK，还自嘲它是"雕虫小技"。说实话，他心里早就不乐意再开发这些压根不入他"法眼"的小产品。但是，人总得面对现实。想想也没别的选择余地，雷军就听从了苏启强的建议，继续开发BITLOK新版。

疯狂的石头

相比其他互联网"刺头"，雷军的性格棱角并不突出。从好学生到好员工，他几乎都行走在一条符合传统价值观念的命运轨道上，每一步都中规中矩，水到渠成。可实际上，他身上还有着射手男最典型的特征——喜欢呼朋唤友、热热闹闹的生活。

规矩，爱闹，这两个相互矛盾的性格，像两股汹涌的潮水在他的体内冲撞，同时也在他这里得到了平息。白天，尽管办公室没多少事情可干，但也不能干别的，雷军跟其他同事一样规规矩矩。周末，雷军风雨无阻去中关村会朋友。于是，开发BITLOK新版的时间就只剩下周一到周五的晚上。

为了能全面协调好时间，各方面都有所兼顾，雷军在还未荣获"劳模"称号之前，就上演了"疯狂的石头"，经常用小时来安排晚上的日程表。通宵对于他来说，虽然很累，却也能让他的精神得到安慰。一个暂时不得志的年轻人，蜗居在黑夜的某个角落里，疯狂地写代码，有一种极大的精神在鼓舞着他："我在用别人睡觉的时间干活。"每每这个时候，嘈杂的电脑风扇和敲键盘的声音就成了悦耳的音乐。

对于用电脑的人来说，最崩溃的事情莫过于死机。有一次，雷军一直干到凌晨四点多，就在他干得不亦乐乎，程序快要写完的时候，存盘时电脑死机，所有劳动成果毁于一旦。已经很难把整晚的工作全部重写，孤独无助的雷军瘫坐在电脑旁，大脑一片空白。幸好，同宿舍的朋友醒了，看到他快要哭出来了，赶紧帮他从硬盘里的第一个扇区逐一寻找。花了整整两个多小时，终于将全部内容都找了回来，雷军心中的感激无以复加。

雷军每天都睡得很少，BITLOK新版在一个又一个深夜的辛勤劳作中悄悄地生根、发芽、开花、结果。等待花开的寂静，意味着寂寞。每每遇到难关，雷军都得自己独自死磕、艰难闯关。与此同时，历经艰难的成功，独看花开的喜悦，也是难以言喻的。花费很大力气终于解决难题的时候，他经常高兴得像个孩子那样手舞足蹈。

寂寞，是一个人的狂欢。在无人分享的日子里，雷军独自完成了BITLOK1.0。让雷军欣慰的是，BITLOK加密后的软件在超过一百万台的计算机上使用过。

每一个研发者，对待自己的作品都像是对自己的孩子，愿意付出感情温柔呵护，助其茁壮成长。雷军也不例外。或许开发时不大情愿，但随着时间的推移，对BITLOK的感情却是越来越深。后来进入金山，雷军依旧利用业余时间继续开发、完善这套产品，使之成为盘古组件中的一部分。

物以类聚，人以群分。遇到志同道合的朋友，与之共唱"沧海一声笑"，也是人生的一大幸事。在金山友爱的环境里，好多同事都给了雷军难得的帮助。例如，当雷军完成一个版本的时候，同事就会帮他试探解密。发现问题立即反馈给他，他再完善。这样反复修改之后，BITLOK1.2在集体的力量中定型。

此时，BITLOK已经是一套很完善的商品软件。在朋友的帮助下，它很快就赢得了不少客户。这也在很大程度上鼓励了雷军，在之后的日子里，他一直坚持开发，出了一系列新版。雷军是一只勤劳的小蜜蜂，不仅辛苦"采蜜"，还将用户的好建议酿成了"蜜"，坚持将用户的意见综合到开发中去，BITLOK也越来越受客户的喜爱。

用勤奋诠释职责

然而，冷静分析BITLOK的整个商业前景，雷军认为，加密软件市场很小，只有开发者才用，整个市场每年不到一千套。作为业余兴趣还能接受，作为公司开发项目的话，并不合适。再者，随着软件市场的繁荣，国内不少软件开始试探不加密销售的方式，这是软件市场发展的趋势。不少朋友觉得加密软件已经没有必要再做了。

这套软件雷军花了整整7年的心血，到底还要不要继续开发？雷军也感到非常困惑。不少朋友友善告知他一些新的解密方法、解密工具，老用户也持续不断地打电话来询问新版本的开发情况，并提出修改意见。雷军感到压力很大：这款产品没有商业前途，无法带来利润；与此同时，产品也属于用户，不是想停就能停得下来的。

思考很久之后，雷军还是决定将它作为兴趣爱好，愿意无偿付出更多的辛苦，写出一个全新的BITLOK3.0，彻底解决过去用户提出的各种问题，让过去的用户有一次升级的机会。经过多年的修改，此时的BITLOK已经超过了三万行代码，作为一个业余程序，已经不算短了，也很难修改。全部修改程序，更是需要很大的勇气。

最后，在工作之余，雷军在原有的基础上使用了一些突破性的技术，完成了BITLOK3.0。雷军说："不管BITLOK3.0写得如何，我尽心了。如果BITLOK还有人用，我就肯定会花时间来维护；如果没人用了，也就到了'寿终正寝'的时候，我也该'洗手'了。"

多年来，他被称为业界最勤奋的CEO，这种勤奋，带动整个公司的加班风气蔓延了16年，金山公司所在地柏彦大厦19、20层的灯光，都成了北四环深夜两点的一道风景。雷军说WPS要撑住，于是员工硬是在微软重压下坚持了十多年；雷军说杀毒软件不该只有瑞星一家，销售团队就立刻在全国奔命；雷军说要淘金网络游戏，全公司的人就整个通宵打网游寻找突破口。为了金山的上市，雷军辛苦熬了8年，"我终于把债还完"，"我要报张总、求总的知遇之恩，要兑现对投资人的承诺，让他们赚钱，要还员工的债，不能总开空头支票"。雷军用自己的勤奋拼命诠释着一个成功企业家该有的职责。

有人说："如果说求伯君代表着'金山'的 WPS（文字编辑系统）时代，那么，雷军则代表着整个'金山'。"雷军成为"金山"最敬业、最勤奋的人，成功地实现了从勤奋学生到勤奋员工、从勤奋员工到勤奋领导的蜕变。

想要有所收获，勤奋是一条必经之路。要想实现自己的成功之梦，唯有不断地努力，勤奋刻苦学习。成功来自勤奋，只要你真正勤奋努力，就一定会得到累累硕果。

勤奋是成功之舟，正因为有勤奋的精神，才使没有天资的人，照样可以有作为；但若有天资，却不注意后天的培养，不勤奋学习，那么就不会有什么作为。高尔基说过："天才就是勤奋。人的天赋就像火花，它既可以熄灭，也可以燃烧，而迫使它熊熊燃烧的办法只有一个，那就是勤奋。"

勤奋属于珍惜时间、爱惜光阴的人，属于脚踏实地、一丝不苟的人，属于坚持不懈、持之以恒的人，属于勇于探索、敢于创新的人。

"雷军系" 正在下一盘大棋

成功的创业者身上有一个共性：他们有一种信仰，相信自己一定会成功，一直在向上，持续地努力。其实创业也很简单，就是一个好的思维模式，再加上坚持、摸索，慢慢找准用户的真正需求，满足这些需求，获得市场的认可，就慢慢成功了。关键是坚持这一点很难做到，99%的人坚持不到3年，就放弃了原来的想法，另起炉灶了。这个世界比雷军有才华、有想法、有行动的人多了去了，但是为什么他们都没有成功呢？社会认可你，是因为你将一壶水烧到了100℃，这之外，烧99℃和不烧是没有区别的。

小米的品牌管理体系是一种全员驱动的品牌管理。作为小米的创始人，雷军时刻不忘利用自己的影响力来推广小米，成为小米名副其实的代言人。除了雷军外，还有雷军系的朋友们成为小米的铁杆粉丝群。记得小米发布前夕，雷军作为天使投资人投资过的一帮创业公司的朋友，为了支持这位老哥，录制了一段视频，集体摔掉各自的手机，换成了小米。后来，雷军甚至利用其投资的凡客来出售小米。雷军以及雷军的朋友们用实际行动为小米的传播推波助澜。除了外围这些名人，小米形成了一种以用户反馈为驱动的参与研发机制，从用户得到的反馈，会驱动小米整个组织快速改进，这样，小米的产品就衍变成一种顾客导向并不断进化升级的有机体。所以，我们看到小米有一个独特的策略，就是卖工程机。目的就是要让消费者参与其中，有任何意见都可以反馈，小米会迅速回应，这样进一步加强顾客的参与感和拥有感，让整个品牌管理变成了一种顾客驱动的组织管理。

一个新的品牌诞生半年，销量冲破200万台。小米手机在中国市场创造了一个奇迹。但创始人雷军刚想舒一口气，偷着乐一把，却发现众多的互联网界同仁突然觉醒，一夜之间，互联网手机如雨后春笋般冒出。

这个行业有太多的先烈，尸横遍野。但这些先烈全是撑死的，没有一个是饿死的。因为很多企业一上来就砸进去一两千万台，而元器件的价格波动是非常大的，结果往往是刚有点利润，就全赔在库存里了。

小米手机的每一次发售，都会在很短的时间内售罄。那么，小米不肯多卖是出于什么样的考虑？整个手机链条的瓶颈在哪儿呢？

首先，手机向上游供应商的定货周期是12周，再加上生产、物流等环节，一部手机完整的流程要14周时间，也就是三个半月。而对于手机市场来说，三个月就相当于一年了。因为在这么激烈的市场里，变化实在太快了。谁有把握提前三个半月就能准确知道定多少货？除非你有天文数字的钱可以往里砸。

其次，这么大的定货量，需要非常强的资金周转能力，需要对资金有极强的把控能力。雷军刚入行时，一个行业大佬告诫他，不能冒进，手机这个行业就像是卖海鲜、卖蔬菜，要保持良好的节奏，产品不能囤在库里。同时，还要把资金最大效率地利用起来。雷军恍然大悟，并牢记在心，将前辈的教导运用到自己的创业中。

俗话说，物红是非多。伴随着小米手机销量出现的奇迹，出现了对质量和服务的质疑。在一群米粉为小米鼓掌的同时，也出现了不少质疑的声音。而小米手机售后等方面存在的困难和问题导致小米压力最大。所以2012年一季度，小米的目标就是解决售后问题。经过一个季度以后，小米有了非常大的改善：首先，呼叫中心已经达到404个座席，电话的接通率超过90%；其次，小米在全国30个城市建立了小米之家；在220个城市开设了340家第三方售后服务点；此外，小米有非常强的论坛和微博的服务团队。大建设完成之后是需要一段时间来跑顺的，所以第二季度小米决定停下来。雷军甚至在考虑，是不是应该请海底捞的店长、苹果的店长来管理小米之家。雷军的想法是一定要从服务业请人，才能真正做好服务。

高端智能手机整个行业的返修率在5%左右，即使苹果也一样。小米的返修率实际上不超过2%，已经低于行业平均水平。但小米已经卖出200万台，即使1%的返修率，也意味着有2万台有问题，而且这些问题往往还会通过互联网被放大。

小米手机肯定不是完美的，小米百分之百不需要维修也是不可能的。但即使网上有各种争议、各种非议，这么多的水军在诋毁小米，小米依然卖了这么大的量，只能说明小米是被用户认可的。

雷军的想法是犹如做一个小餐馆，这个餐馆不一定大，不一定豪华，但口碑一定要好，门口总有人排队。有人骂没关系，但一定有更多的人夸。不一定能做成伟大的公司，但一定要做一家好公司。小米希望用传教的精神来做事，向用户销售一个很实在的产品。

小米刻意在打造"米粉"这个群体，粉丝是口碑营销的重要渠道，甚至有点宗教的意味。那么小米有什么独特的定位呢？买苹果的人买的是一种定位——一种高端身份。而小米强调的是"潮"，是"发烧"，哪怕是伪发烧。

雷军提倡：可以不是专业的选手，也要用专业的装备。在这个时代，每个人都有一种恋物情结，人总得有点什么方面的兴趣。雷军希望成为"酷"的代名词，服务好这群发烧友就足够了。

小米的目标是5年1亿部手机，算下来7%～8%的市场份额就够了。在这个行业，盲目追求市场占有率是会害死人的。1亿部手机，每部2000元，再加上500元配件，可以说已经是一家非常了不起的企业了。

互联网催生了一种把用户的使用价格趋近于零的模式。当小米做了一款深受喜爱而且还是免费的产品，小米就能获得庞大的用户基数，随后自然就能赢利了。

雷军从一开始就强调要用互联网的方式做手机。互联网是一种观念。如何思考问题，如何做事情，都要实现彻底的互联网化。小米用互联网的方式做手机、卖手机、推广产品，也用互联网的方式做售后服务，可以说每一个环节都互联网化了。小米和其他互联网方式的企业是不同的，比如电商是一定要烧钱的，但小米是不烧钱的典范，雷军采用全互联网的社交化媒体口碑营销，是对现代商业的巨大颠覆。再比如服务，小米尽量多地在互联网上进行服务。雷军和他的高管团队都天天泡在论坛里，亲自解答问题。每天都有30万以上的帖子，小米论坛已经是排名100多名的网站。再比如，以前在金山的时候规划都是做3年，而小米作为创业公司想未来3个月就够了，想得太远反而不灵活。按3个月规划，公司反应快，而且很容易随时调整。

随着小米手机销量的上升，小米手机本身的利润并不多。雷军认为，手机不赚钱不怕，只要手机有口碑就行，这也是互联网的模式。小米三五年内都不太会考虑赢利的问题，小米专注在每个月做什么、每个季度做什么。只要你有了足够大的用户规模，赢利是自然的事情。有人问小米最大的风险是什么，雷军的回答是产品品质和售后服务。雷军是技术背景出身，天天看用户反馈，天天琢磨。先做好产品，把赚钱的事往后放，互联网公司都这么干的。

雷军在创业初期常被问到三个问题：你认识运营商吗？你认识富士康吗？谷歌没做成的事情你凭什么能做成？雷军认为最最核心的一条就是把产品做好，这是唯一的制胜之道。在互联网时代，唯一不会被打败的生意，就是胆敢不赚钱的生意。

雷军被称为中国最懂互联网的人之一，他投资的企业多数都比较成功。从金山软件到投资卓越、创办小米，从中国第一代程序员到互联网创业者、投资者，雷军对互联网理解深刻。原来在做软件的时候，雷军自己觉得挺自豪的，可是一夜之间就变成了落伍者，被时代所抛弃了！因为当时互联网变成最热的了，而雷军对互联网还所知甚少。他自己做了大半年的站长，每天写300个帖，没有一个"水帖"，每个帖100字以上。从早晨7点钟干到凌晨2点，每天十多个小时，比上班还辛苦。那时雷军觉得互联网挺简单的，就像电和水，是拓展各自事业的一个工具而已。但雷军认为电子商务是一个过渡性名词，因为总有一天，这个星球上每一家公司都是电子商务公司。所以，那时候雷军就选择了创办一家电子商务公司——卓越网。

后来，雷军左边要管卓越，右边要管金山。卓越能获得100%的成长，但金山却只有20%、30%，但雷军却不得不把80%的力气用在金山。其中的不公平让雷军再次思考互联网，悟出一点点门道：互联网是一种观念。互联网其实不是技术，互联网其实是一种观念，互联网是一种方法论，用这种方法论就能把握住互联网的精髓了。

在感慨雷军的投资眼光和财富增速之余，更令人震撼的是"雷军系"正在下一盘大棋，棋局核心就是小米。通过这些互联网公司的软件和服务足以养活小米，即使小米一分钱不赚，每月靠分发软件也有三四千万元收入。当然，这些互联网公司也有可能被"雷军系"新的更强大的软件或服务排挤出局，小米的价值和未来充满无限想象空间。

通过小米的战略节奏和布局路径，雷军做互联网手机成功的五大要素跃然纸上：按做电脑的方式做手机，以高性能、高性价比为核心，在硬件上接近成本定价；在软件上，利用互联网手段，让用户共同参与打造产品和用户体验；在渠道上，以电商渠道为主，减掉中间环节；树立全民客服理念，通过小米论坛、微博、微信等工具帮用户解决问题；搭建"雷军系"。

按照雷军的战略规划和产业布局，小米未来的真正对手并非联想、华为、中兴、魅族等，甚至不是苹果、三星，而是阿里巴巴、腾讯、百度、360这类互联网巨头。雷军最终将通过手机等硬件产品整合"雷军系",类似于"阿里系""腾讯系""百度系",进入人们的生活,打造一个互联网的超级帝国。从这一点来看,小米只是一个载体,雷军的核心思想始终是做互联网。

发展用户,当年他曾对米聊寄予厚望,结果被微信后来居上超越,但雷军依然在搭建整套服务体系。只有看透整个"雷军系"的布局,才能理解小米的战略。

正因如此,奇虎360董事长周鸿祎才敢断言:"小米市值将超越B(百度),基本追到A(阿里巴巴)的千亿量级,最有机会PK企鹅(腾讯),将来的互联网格局不再是BAT,而是ATM(小米)。"